U0628809

依法行政的理论与实践：
法治中国建设路径探索

郭雅雯 / 著

山西人民出版社

图书在版编目（CIP）数据

依法行政的理论与实践：法治中国建设路径探索 / 郭雅雯著 . --
太原：山西人民出版社，2025. 4

ISBN 978-7-203-13840-2

I. D920.0

中国国家版本馆 CIP 数据核字第 2025V3W303 号

依法行政的理论与实践：法治中国建设路径探索

著　　者：郭雅雯
责任编辑：贾　娟
复　　审：李　鑫
终　　审：梁晋华
封面设计：樊征宇
策划公司：乐编乐读

出 版 者：山西出版传媒集团·山西人民出版社
地　　址：太原市建设南路 21 号
邮　　编：030012
发行营销：0351-4922220　4955996　4956039　4922127（传真）
天猫官网：https://sxrmcbs.tmall.com　电话：0351-4922159
E — mail：sxskcb@163.com　　发行部
　　　　　sxskcb@126.com　　总编室
网　　址：www.sxskcb.com

经 销 者：山西出版传媒集团·山西人民出版社
承 印 厂：天津鑫恒彩印刷有限公司

开　　本：710mm×1000mm　1/16
印　　张：15.25
字　　数：230 千字
版　　次：2025 年 4 月　第 1 版
印　　次：2025 年 4 月　第 1 次印刷
书　　号：ISBN 978-7-203-13840-2
定　　价：78.00 元

如有印装质量问题请与本社联系调换

在全面建设社会主义法治国家的时代背景下，依法行政是法治政府建设的核心内容，不仅是实现国家治理体系和治理能力现代化的重要途径，也是保障人民权益、维护社会公平正义的基石。《依法行政的理论与实践：法治中国建设路径探索》正是基于这一宏大背景，旨在深入探索依法行政的理论基础与实践路径，为法治中国的建设贡献一份绵薄之力。

本书首先从依法行政的基本原理出发，梳理了其历史发展脉络，阐明了依法行政与法治国家之间的内在联系，以及依法行政应遵循的基本原则与要求。在此基础上，详细构建了中国依法行政的法制框架，从宪法基础到行政法规与规章的制定程序，再到行政权力清单与责任清单制度，以及依法行政的监督机制，力求为读者呈现一个清晰、完整的依法行政法制体系。随后，将重点转向依法行政的实践层面，分别就行政执法规范化、行政决策科学化与民主化、行政复议与行政诉讼制度、行政赔偿与行政补偿制度等关键领域进行了深入探讨。通过大量实际案例的分析，揭示了当前依法行政实践中存在的问题与挑战，并提出了相应的改进建议与解决方案。还特别关注了信息技术在依法行政中的创新应用，探讨了电子政务、大数据、云计算等现代信息技术如何助力提升行政效率、优化行政决策、改进行政服务，并强调了信息安全与隐私保护的重要性。最后，对法治中国建设下的依法行政进行了展望，提出了新时代依法行政的新要求、法治政府建设的目标与路径，以及依法行政与全面依法治国如何更好地融合与创新。

我们坚信，通过不断探索与实践，依法行政必将在法治中国的建设中发挥更加重要的作用，为人民群众带来更加美好的生活。

「目录」

Chapter 1

第一章
依法行政的基本原理

　　依法行政是现代法治国家不可或缺的基本准则，是确保政府行为兼具合法性、公正性与高效性的核心要素。它不仅深刻体现了法治精神在行政管理领域的实践应用，更是捍卫公民权利、维系社会秩序、驱动国家持续发展的坚实基石。本章节将从依法行政的概念界定与内涵阐释入手，细致梳理其历史演进的脉络，明晰依法行政与法治国家构建之间的内在逻辑关联。在此基础上，将进一步展开对依法行政基本原则与具体要求的详尽阐述。通过严谨的系统分析与深入的理论探讨，本研究力图深化对依法行政理论的认识，旨在为构建公正、透明、高效的政府治理架构提供坚实的理论基础与实践导向。

第一节　依法行政的概念与内涵

通过系统性地探讨依法行政的基本概念与深刻内涵，通过对依法行政定义的精准把握，揭示其核心要素所在。本节将深入剖析依法行政所体现的法治原则、行政权力的合法性基础以及行政行为的规范性要求，以期全面展现依法行政在政府行为规范化、公民权利保障及法治国家构建中的重要作用。此节内容不仅是对依法行政理论的梳理与总结，更为后续研究提供了必要的理论支撑与逻辑起点。

一、依法行政的定义

（一）基本含义

依法行政的基本含义，即行政机关在行使权力、履行职责的过程中，必须严格遵循法律法规的明确规定，确保所有行政行为都有明确的法律依据，且不得超越法律授权的范围。这一原则要求政府及其工作人员在作出任何影响公民、法人或其他组织权益的决策或行为时，都必须以法律为准绳，确保行政活动的合法性、正当性和可预测性。依法行政不仅是对政府行为的一种法律约束，更是对公民权利的一种有效保障，它确保了政府权力在法治的轨道上运行，防止了权力的滥用和扩张，从而维护了社会的公平正义和秩序稳定。

（二）核心要素

1. 依法行政

依法行政是依法行政的首要原则，它要求行政机关在行使行政权力时，必须严格依照法律法规的规定进行，确保行政行为的全面合法性。这不仅意味着行政机关的行为在实体上要与法律相符，不得与法律相抵触，而且在程序上也必须严格遵循法律规定，确保程序的正当性和合法性。同时，行政机关必须根据法律法规的规定设立，并依法取得和行使其行政权力，确保其行为具有明确的法律授权，且对其行政行为的后果承担相应的法律责任。这一原则确保了行政机关在行使权力时能严格遵循法律框架，保障行政行为的合法性和正当性。

2. 合理行政

合理行政原则要求行政机关在行使权力时，必须秉持公平、公正、合理的理念，确保行政行为的正当性与合理性。在合法的前提下，行政机关应综合考虑各种相关因素，做出既合乎法律又合乎常理、情理的决策。同时，行政机关在行使自由裁量权时，必须严格遵守合理、公正的原则，防止权力滥用，避免不当行使权力而损害公民、法人或其他组织的合法权益，从而确保行政行为的公正性和社会利益的最大化。

3. 程序正当

程序正当原则强调行政行为必须严格遵循法定的程序规范，以确保行政过程的透明度和公开性，这是维护行政相对人合法权益的关键所在。该原则不仅要求行政机关按照既定的法律程序行事，还着重保障公民的知情权、参与权和监督权，让公民能充分了解行政决策的过程和依据，有机会参与到行政程序中来，并对行政机关的行为进行有效监督。通过这样的程序设计，可以提升行政行为的公正性和合理性，确保行政权力在阳光下运行，有效防止权力滥用，保护公民的合法权益不受侵害。

4. 权责统一

权责统一原则要求行政机关在行使权力时，必须清晰界定其职责和权限，确保每一项权力的行使都伴随着相应的责任，实现有权必有责、用权受监督、违法受追究的良性循环。这一原则是确保行政机关依法行政的基石，它强调行政机关及其工作人员在行使权力带来的便利时，也必须承担起相应的法律责任。对于任何违法或不当行使职权的行为，都应依法进行责任追究，以此确保行政权力的正确行使，同时有效保障公民的合法权益，维护社会的公平正义和法治秩序。

二、依法行政的内涵解析

依法行政是现代法治国家的基本准则，其内涵丰富而深刻，是确保国家权力在法治轨道上运行的关键。通过法治原则的体现、行政权力的合法性以及行政行为的规范性，依法行政不仅保障了公民的合法权益，也维护了社会的公平正义和秩序稳定。

（一）法治原则体现

依法行政是法治国家建设的核心要素，其内涵深刻体现了法治原则的精神。法治原则要求所有国家权力均需在法律框架内运行，确保无任何组织或个人能凌驾于法律之上。在依法行政的实践中，这一原则具体融合为三个方面：一是法律至上，强调行政机关在行使权力和作出决策时，必须严格遵循法律规定，确保所有行政行为均在法律轨道上运行；二是权力制约，意味着行政机关的权力需受到法律的严格制约与监督，通过明确界定权力边界和建立有效的监督机制，防止权力滥用和无限扩张；三是权利保障，要求行政机关在行使权力时，必须充分尊重和保护公民的合法权益，包括人身权、财产权等基本权利，并积极为公民提供服务和保障，以促进公民权利的全面实现与发展。这三个方面相辅相成，共同构成了依法行政内涵中法治原则的全面体现。

（二）行政权力合法性

行政权力合法性是依法行政的重要内涵之一，它指的是行政机关所行使的权力必须来源于法律的授权，且其行使方式、范围、程序等均需符合法律的规定。这一原则确保了行政机关的权力行使具有正当性和权威性，是维护社会秩序、保障人民权益的基础。行政权力的合法性要求行政机关的权力必须来源于法律的明确授权。这意味着行政机关不能自我设权，其行使的任何权力都必须有明确的法律依据。这一要求体现了法律对行政权力的制约作用，防止了行政权力的任意扩张和滥用。

行政权力的合法性还要求行政机关在行使权力时，必须严格遵循法律的规定和程序。这包括权力行使的范围、方式、条件等都必须符合法律的要求，不能超越法律的授权或者违反法律的禁止性规定。同时，行政机关在行使权力时，还必须遵守法定的程序，确保行政行为的公正性和透明性。行政权力的合法性还体现在行政机关对行政行为的责任承担上。如果行政机关的行政行为违反了法律的规定，侵犯了公民的合法权益，那么行政机关必须承担相应的法律责任。这一要求体现了法律对行政权力的监督和制约作用，确保了行政机关在行使权力时的谨慎和负责。

（三）行政行为规范性

行政行为规范性是依法行政的又一核心内涵，它强调行政机关在实施行政行为时，必须遵循一定的标准、程序和规则，确保行政行为的合法性、合理性和可预测性。这一原则对于维护行政秩序、保障人民权益以及提升行政效率具有重要意义。行政行为的规范性要求行政机关在实施行政行为时，必须严格依据法律的规定。这意味着行政机关的每一个行为都应当有明确的法律依据，不能随意而为。无论是行政决策、行政许可、行政处罚还是行政强制等，都应当在法律规定的框架内进行，确保行政行为的合法性。

行政行为的规范性还体现在行政程序的严格遵循上。行政程序是行政行为的重要组成部分，它规定了行政机关在实施行政行为时应当遵循的步骤、方式和时限等。行政机关必须严格按照法定的程序行事，确保行政行为的公正、公平和透明。这不仅有助于提升行政效率，还能有效防止行政权力的滥用和腐败现象的发生。行政行为的规范性还要求行政机关在实施行政行为时，应当注重行为的合理性和可预测性。合理性要求行政机关在行使裁量权时，应当考虑相关因素，排除不相关因素，确保行政行为的公正性和合理性。可预测性则要求行政机关在实施行政行为时，应当保持政策的一致性和稳定性，避免朝令夕改，给公民和社会带来不必要的困扰和损失。

三、依法行政的意义

（一）政府行为规范

依法行政的首要目标在于实现政府行为的全面规范。这要求政府机关在行使公共权力、履行管理职责时，必须严格遵循法律法规的约束，确保每一项决策、每一个行动都符合法律的规定和精神。政府行为规范的实现，对于提升政府公信力、维护社会公平正义具有深远的意义。政府行为规范是法治国家建设的基石。在法治社会中，政府是公共权利的执行者，其行为必须受到法律的严格制约。只有政府自身严格遵守法律，才能树立法律的权威，引导全社会形成尊法学法守法用法的良好氛围。

政府行为规范是保障人民权益的重要途径。政府的行为直接关系到公民的切身利益。只有政府行为规范，才能确保公民的权利不受侵犯，公民的利益得到有效维护。同时，规范的政府行为还能提升政府的服务水平，满足人民对美好生活的向往。政府行为规范对于提升政府治理效能也至关重要。规范的政府行为能确保政府决策的科学性和合理性，提高政治执行力的效率和准确性。这不仅有助于政府更好地履行管理职责，还能提升政府在社会治理中的主导地位和影响力。

（二）公民权利保障

依法行政的另一个核心目标在于切实保障公民权利。在法治社会中，公民权利是神圣不可侵犯的，而政府是公共权利的执行者，其首要职责就是保护公民的权利不受侵害，并为公民提供必要的服务和保障。依法行政为公民权利提供了坚实的法律基础。通过制定和完善法律法规，明确公民的基本权利和自由，如人身自由、言论自由、财产权等，为公民权利的保护提供了明确的法律依据。政府必须严格遵守这些法律法规，不得随意侵犯公民的权利，否则将受到法律的制裁。

依法行政确保了公民权利的实现。

政府是公共服务的提供者，有责任和义务为公民提供必要的教育、医疗、社会保障等服务。依法行政要求政府在这些领域制定科学合理的政策，确保服务的质量和效率，从而满足公民的基本生活需求，促进公民权利的实现。依法行政为公民提供了有效的救济途径。当公民的权利受到侵害时，依法行政要求政府必须建立健全的救济机制，如行政诉讼、行政复议等，为公民提供便捷的维权渠道。这些救济途径的存在，使得公民在权利受到侵害时能及时得到法律的帮助和保护，维护了社会的公平正义。依法行政还有助于提升公民的权利意识。通过依法行政的实践，政府不断向公民普及法律知识，增强公民的法律素养和权利意识。公民在了解自身权利的同时，也会更加积极地参与到社会管理和监督中来，共同维护社会的法治秩序和公平正义。

（三）法治国家建设

依法行政在法治国家建设中占据着举足轻重的地位，是推进国家治理体系和治理能力现代化的关键所在。法治国家建设是一个系统工程，它要求国家权力在法律的框架内运行，确保法律的权威和尊严，实现社会的公平正义和和谐稳定。

1. 奠定法治基础

依法行政是法治国家建设的基石，它确保国家工作合法规范，为法治国家奠定坚实基础。政府是法律的执行者，每项行政行为都需严格遵循法律框架，这不仅体现了对法律的敬畏，更在全社会树立了法律的至高地位。政府依法行政，公民与社会各界能直观感受到法律的力量与威严，进而自觉守法、学法、用法，形成崇尚法治的社会风气。这种风气是法治国家建设的必要条件，让法律不再是冰冷条文，而是融入日常生活的行为准则。同时，依法行政要求政府不断完善法律体系和制度，确保法律全面、科学、有效实施。这包括加强法律法规的修订完善，优化行政执法程序，强化行政行为监督等。通过这些努力，政府法治化水平得以提升，为法治国家建设提供更有力支撑。

2. 保障公民权利

依法行政是保障公民权利的有力武器。在法治的框架下，公民权利被视为法律的核心价值，是构建和谐社会、促进公平正义的基石。依法行政要求政府必须严格依照法律行使权力，确保公民的各项基本权利，如人身权、财产权、知情权、参与权、表达权和监督权等，得到充分的尊重和保护。政府依法行政，意味着公民在法律框架内能自由、平等地参与社会生活，不受非法干涉和侵害。这不仅让公民能安心地享有自己的权利，更让公民在法治的庇护下，能充分发挥自己的潜能，追求更美好的生活。同时，依法行政也促进了政府与公民之间的良性互动，增强了公民对政府的信任和支持，为法治国家的持续发展奠定了坚实的群众基础。总之，依法行政是保障公民权利、推动法治国家建设的重要保障。

3. 促进公平正义

依法行政在促进社会公平正义方面扮演着至关重要的角色。在法治国家的理念下，公平正义被视为法律的核心原则，是衡量社会文明进步的重要标志。依法行政要求政府必须秉持公正、公平的原则行使权力，坚决杜绝任何形式的偏袒和歧视，确保每位公民都能在法律的庇护下获得平等对待和有效保护。政府依法行政，意味着特权和腐败现象将无处遁形。通过严格的法律程序和制度监督，政府能确保权力运行的透明度和公正性，从而有效遏制特权思想和腐败行为的滋生。这不仅有助于维护社会的公平正义，更能促进社会的和谐稳定，让人民群众在法治的保障下共享发展成果。

4. 提升政府公信力

政府的公信力是其合法性和权威性的基石，是维系政府与民众之间信任关系的纽带。依法行政意味着政府的一切行为都必须严格遵循法律的规定和程序，确保行政行为的合法性与规范性，这不仅体现了政府对法律的尊重与遵守，更是对民众权益的切实保障。当政府坚持依法行政，公正、公平、公开地行使权力，履行职责，民众能直观感受到政府的诚信与正直，从而增强对政府的信任感和归属感。这种信任感的积累，将显著提升政府的公信力，使得政府在民众心中树立起更加正面、积极的形象。同时，依法行政也要求政府不断提升自身的法治化水平，加强内部监督与制约，确保行政行为的透明与公正。这些举措将进一步巩固政府的权威性和合法性，使得政府在处理各类社会事务时更加得心应手，执行力也随之增强。因此，依法行政是提升政府公信力、巩固政府合法性和权威性的必由之路。

5. 推动经济发展

市场经济是现代经济体系的核心，其稳健运行离不开法治的坚实支撑。依法行政为市场经济营造了一个稳定且可预期的法治环境，这是经济发展的重要前提。政府通过依法行政，能严格规范市场秩序，打击各类违法违规行为，确保市场的公平竞争。同时，对知识产权的全面保护，不仅激励了创新，还促进了技术成果的转化和应用，为经济增添了新的增长点。依法行政意味着政府必须遵循法律原则制定和执行经济政策，增强了政策的透明度和稳定性，使得市场主体能基于明确的规则进行决策和投资，从而降低了经营风险，提升了市场信心。在这样的法治环境下，市场主体的活力被充分激发，创新创业的热情高涨，经济因此呈现出持续健康发展的良好态势。所以，依法行政不仅是法治国家建设的内在要求，更是推动经济高质量发展的强大动力。

第二节　依法行政的历史发展脉络

依法行政是现代国家治理体系的重要组成部分，其发展历程源远流长，经历了从萌芽、确立到逐步完善的过程。本节将从古代依法行政思想的萌芽谈起，逐步过渡到近现代依法行政制度的确立与发展，最后聚焦于当代依法行政制度的完善与创新，以全面梳理依法行政的历史发展脉络，为深入理解依法行政的本质与内涵提供历史维度的参考。

一、古代依法行政思想的萌芽

（一）中国古代法治思想的起源

中华民族历史悠久，中华文化源远流长，我国的传统文化蕴含着极其丰富营养，是需要人们不断发掘的宝矿，传统文化对新时期建设有着深刻的影响，我国传统法治思想是我国各个时期阶段的法治思想的必不可少的理论渊源之一。正是因为我国传统法治思想的作用，使我国的法治思想具有不同于西方的、自己所独有的特色。当今正是法治建设重要时期，反思我国传统法治思想有着重要意义。

我国古代非常重视立法早在夏商时期就出现了关于刑的记载，《左传·昭公六年》载："夏有乱政，而作禹刑""商有乱政，而作汤刑。"在春秋战国时期，法律思想空前繁荣，百家争鸣，儒、道、墨、法等家影响极其深远。其中最具代表性的是法家思想，法家的主要思想是强调要依法治国，即重法治国，同时要求兵民同体的耕战政策；在中央则是君主专制，中央集权。强调法律是治理国家的根本。法家思想对富国强兵的战略思想贡献影响深远。商鞅曾说过："法令者、民之命也，为治之本也，所以备民也"，其主旨意思就是，法律是人民的命，是治国的根本，是防止人民犯罪的工具。管子也提出："圣人能生法不能废法而治国"，韩非的"国无常强，无常弱；奉法者强，则国强；奉法者弱，则国弱"。其主旨意思也是只有依法治国，才能使国家富强。法家最具代表性的人物商鞅对法律的作用进行了阐述——"定纷止争""兴功禁暴"，只有法律才能使人民生活稳定，社会安定，富国强兵。

法大于权的思想在我国古代也已有萌芽，曾有政治家、思想家、理想主义者，在当时的社会中提出：法高于君，法大于权的主张。甚至有明智的帝王也认同过此观点。法比权大的思想。《管子·君臣上》载："有道之君道，善明设法而不以私妨者也。而无道之君，既已设法，则含法而行私者也"。《管子·任法》载："君臣上下贵同皆从法，此谓大治"。所有人，包括帝王在内的整个社会都遵守法律，这样才称得上社会的大治。《韩非子·五蠹》载："明言之道，一法而不求智"。皇帝正确治理国家的道路，不是靠个人的才智，而是要靠法律。《水心别集·君德一》载："人主之所恃者法也，固不任已而任法"，宋代的叶适同样强调权力的运行也必须置于法律之下及法重于礼、重于人的思想。

　　早在先秦时，儒法两派诞生时就存在尖锐冲突，即"人治"与"法治"的尖锐对立。也即从此在我国古代社会礼法之、争刑德之辩持续不断。儒家主张礼制，以礼治国，《礼记·仲民燕居》载："礼之所兴，众之所治也；礼之所废，众之所乱也"。尽管此时的礼已不再是原来的"周礼"，但其依然要求"亲亲尊尊、君君臣臣"，以此视为政治行为和民事活动的道德框架。只要统治者按照"礼"的要求去做，就可以符合天理，符合道德。民众也就可以信服安定，社会也就稳定大治了。法家的思想家们绝不认同"人治"的观点，《荀子·君道》载："有治人，无治法，……得其人则存，失其人则亡"，正如荀子之论，有人治必无法治，社会在人治的状态下必然不会形成大治的局面，社会的稳定难以保障。他们认为人治存在诸多缺陷即根本上的错误，只有法治才是富国强兵的正确道路。

　　中华民族的产生与发展过程中，血肉亲情扮演着极其重要的角色，是维系民族与家族的一个重要因素，也成为中华民族思想中占据至上地位的一种亲情意识，但这种亲情意识阻碍了法律的发展。然而一些伟大的思想家们提出了法大于情的思想，要求严格平等地守法、执法。《管子·七法》载："不为爱亲危其社稷，故曰社稷戚于亲；不为爱人枉其法，故曰法爱于人"。《说苑·至公》载："当公法则不阿亲戚"，他们认为掌权者应当法高于情，不可因为血肉之情而徇私枉法。在亲情和法之间，把法律放在第一位。对于权力层，尤其是对处于统治阶级高层的一些掌权者的执法，亦成为平等执法的矛盾中的一个尖锐问题。对于这一问题法家有过经典回答，《商君书·赏刑》载："有功于前，有败于后，不为损刑；有善于前，有过于后不为亏法。"即商鞅所说，有功不能抵罪，有罪则必须处以刑罚。君主专权也是一个阻碍正确执法的重要因素。执法者的个人感情、喜好也影响着执法。《钱公良测语·治本》载："因喜用赏，赏不必当；因怒用罚，罚不必当"，古代思想家就指出执法者如果让个人的情绪随意干扰执法、不能正确对待自己的喜好，赏罚不当，则必然会影响人心向背，最终是社会混乱使国家灭亡。

我国古代的监察制度是人类文明中的一个闪耀亮点。我国的监察制度在几千年前就已萌芽，尧舜时期就出现了民主的影子。例如"敢谏之鼓""诽谤之木"的故事。按照马克思主义理论分析，当时极低的生产力，物质极度贫乏。出于统治的需要，民众可以讨论政治、针砭时弊，甚至参与政治，在立法与执法中对统治者进行了较有力的监督。随着历史的前进，进入封建社会，军权进一步加强和集中，以致发展到极致，法的发展受到一定的阻碍。

然而检查制亦随之逐步发展，出现了诸多合理而完善的监督制约制度及其运行机制。在统治阶级内部，为解决君主专制与法制发展之间的矛盾，出现了重树相权，地方分权，以此分皇权、限皇权的思想。尽管黄宗羲在这个时代提出这种思想过于理想主义，但就整个法治的发展，无疑是暗夜中升起的一颗明星。他对如何限君权提出了一套相对完整的理论。皇权对官员权力的监督，在明朝时期"厂卫"制度的形成，可谓是发展到了极致。我国古代对官员监察制度，在先秦时期就已形成和发展，"大、小司寇"及随之发展的"廷尉"等官职都标志着我国古代法律监督制度起步之早，发展之充分。至魏晋南北朝时期，御史台有了非常高的地位，其成为一个独立的机构或机关，并直接接受皇帝的领导。再至隋唐时期，监察官员的选拔手段也逐步发展，选拔过程极为严格。在做到选拔过程严肃认真后，出现了一大批清正廉洁、忠诚刚正的监察官员，并由他们组成了更加严密的机构。

与此同时，监察立法也不断完善并初现了完整性、系统性，操作性也进一步加强。由此直接导致了对官员的监察力度加大，监督内容更广泛，赏罚更得当且明确具体。封建社会后期，整个监察系统分为中央监察系统与地方监察系统，两套系统平行且结合。由此我国古代的法律监督制度进一步强化。我国古代尽管出现了一些民主的影像，但实际上并不存在民主的形态。虽然如此，但在个别的历史时期、时段来自统治阶级外部的监督制约也依然存在过。如战国时期郑国设立的许多乡校，收集民意反映民意等。至于唐太宗广开言路、虚怀纳谏的故事就更多了 [1]。

（二）西方古代法治观念的萌芽

在古代希腊城邦国家的政治思想中，法治是一个悠久的、重要的观念。早在公元前 7 世纪至 6 世纪，号称古代希腊七贤之一的毕达库斯就提出了人治不如法治的主张。然而，他的法治主张的具体内容由于年代久远已经失传。但是，由于他的法治主张被亚里士多德归入德拉古立法一类，研究者推测他的法治主张大概具有两个特点。第一，他的法治主张强调重刑。据说，毕达库斯在为自己的故乡提利尼城立法时，强调乱世用重刑，以致后人往往把他称为是严刑峻法的典型。实际上，强调法治即重刑不过反映了毕达库斯本人对法律的认识。在他看来，法律就是惩罚，就是威慑。第二，毕达库斯的法治主张实际上还是人治，是强调人依靠法律来管理国家，是人治下面的法治。由此看来，尽管毕达库斯法治主张的具体内容不是很清楚。但是，他的主张与中国古代法家的认识还是比较相似的 [2]。

---

[1] 隋学良，聂林山 . 浅析中国法治思想之古代渊源 [J]. 大众文艺，2010，（23）：174-175.

[2] 周丽，陈萌 . 浅析西方法治发展之历程 [J]. 甘肃农业，2005，（05）：74-75.

二、近现代依法行政制度的确立与发展

随着近代民族国家的兴起和工业化进程的加速，依法行政制度在全球范围内逐渐确立并不断发展完善。本节将分别探讨西方依法行政制度的形成过程以及中国近现代依法行政制度的探索历程，分析依法行政制度如何成为现代国家治理体系中的重要组成部分。

（一）西方依法行政制度的形成

西方依法行政制度的形成可以追溯到古希腊和古罗马时期，当时的法治思想为其后的法治传统奠定了基础。古希腊尤其是雅典在城邦政治的建立过程中，贵族与平民的不断斗争与妥协中，逐渐形成了法治的精神。古罗马时期，法治的精神被贯穿在其庞大的法律体系中。进入 14 至 16 世纪，文艺复兴时期的思想家们，如洛克、孟德斯鸠、卢梭等，提出了诸如民主、自由、人权等理论，这些理论对法治理论的发展产生了重要影响。16 至 18 世纪是西方资产阶级政治法律思想的产生与发展的时期，这一时期的法治理论在社会中占有极其重要的地位。到了 19 世纪以后，随着全球工业化浪潮的推动，工业文明成为世界各地发展的必然选择，而依法行政是工业文明规则的一部分，也逐渐走向世界。20 世纪中叶，西方的依法行政制度达到了成熟，其发展伴随着工业文明的发展，并逐渐影响全球。最后，西方依法行政制度的形成是与其特有的社会历史、文化和传统紧密相连的，它的发展过程反映了西方社会从封建制度向现代民主制度转变的历史进程[1]。

（二）中国近现代依法行政制度的探索

我国的依法行政制度的探索可以追溯到 20 世纪后期的改革开放。随着社

---

[1] 段智慧. 论西方法治传统的形成 [J]. 东方企业文化，2013，（23）：158.

会的发展，政府的角色也逐渐发生了变化，从而引发了对依法行政制度的深入探讨和研究。依法行政是指政府的权力和行为必须在法律规定的范围内进行，政府的决策和行为必须符合法律的规定，并且需要接受法律的审查。这是一个国家法治建设的重要组成部分，也是一个国家政治文明程度的重要标志。

1. 清末新政与法制改革

清末新政期间，面对国内外严峻形势，清政府启动了法制改革，标志着我国法制现代化的初步尝试。1906 年，清政府宣布"预备立宪"，旨在通过制定宪法和法律来限制皇权、扩大民权，以期挽救统治危机。尽管这一进程因保守势力阻挠、政治动荡等因素未能完全实现，但它开启了中国法制现代化的先河，为后来的依法行政制度奠定了基础。新政中的法制改革，如设立修订法律馆、编纂新法典等举措，不仅促进了法律体系的完善，也提高了官员和民众的法律意识，为依法行政理念在中国的传播与实践埋下了种子。

2. 民国时期的法治建设

民国时期，随着辛亥革命的成功和中华民族的成立，我国法治建设迈入了一个全新的历史阶段。南京临时政府成立之初，便迅速颁布了一系列法律法规，以《中华民国临时约法》为代表，这些法律条文深刻体现了依法行政的原则，旨在通过明确的法律框架来约束政府权力，保护公民的基本权利和自由。这些法律不仅明确了政府的职责权限，还强调了法律的至高无上地位，为后来的法治建设树立了标杆。然而，由于当时我国处于军阀割据、政治动荡的特殊时期，这些先进的法律理念虽已提出，但在实际执行过程中却遭遇了重重阻碍，未能充分发挥其应有的效能，但仍为后续法治建设积累了宝贵经验。

3. 新民主主义革命时期的法制探索

在新民主主义革命时期，中国共产党领导的革命根据地成了探索法治建设的新阵地。以陕甘宁边区为例，该区政府积极响应时代需求，制定并实施了《陕甘宁边区施政纲领》等一系列重要法律法规。这些法规不仅清晰界定了政府的职责范围与权力边界，还详细规范了行政执法行为，确保了政府活动的合法性与正当性。这一系列法治建设实践，不仅有效维护了革命根据地的社会秩序，保障了人民群众的基本权益，还为革命战争的胜利奠定了坚实的法治基础。更为重要的是，这些探索为新中国成立后依法行政制度的建立提供了宝贵的经验与启示，奠定了我国现代法治体系的重要组成部分。通过这些实践，中国共产党深刻认识到依法行政对于国家治理的重要性，为后续的法治建设积累了宝贵的经验。

4. 新中国成立后的依法行政制度建设

新中国成立后，我国政府深刻认识到法治建设对于国家长治久安的重要性，因此将依法行政制度建设置于国家发展的重要位置。1954年，《中华人民共和国宪法》的颁布，标志着我国法治建设迈出了坚实的一步，为依法行政提供了根本的宪法依据。宪法明确了国家的根本制度、公民的基本权利与义务，为政府行使权力设定了清晰的边界。随着改革开放的深入推进和社会主义市场经济体制的确立，我国政府更加注重依法行政制度的完善与发展。一方面，通过加强立法工作，不断健全和完善法律法规体系，为政府依法行政提供了更加具体、明确的法律指导；另一方面，加大对行政权力的监督和制约力度，推进行政执法规范化建设，提高行政执法的透明度和公信力。同时，随着电子政务的发展和信息技术的广泛应用，政府行政效率得到了显著提升，依法行政的水平也得到了进一步提高。这些努力不仅促进了我国法治政府的建设，也为推动国家治理体系和治理能力现代化奠定了坚实基础。

5. 改革开放以来的依法行政进展

改革开放以来，我国政府显著加速了依法行政的进程，通过制定《全面推进依法行政实施纲要》等关键政策文件，明确了依法行政的基本原则、目标及具体措施，旨在构建一个高效、透明、公正的法治政府。同时，强化行政复议、行政诉讼等制度，确保公民权利受到侵害时能获得有效法律救济。电子政务的兴起与信息技术的广泛应用，不仅提升了政府行政效率，还显著增强了行政透明度，使政府决策与服务更加贴近民众需求，推动了国家治理体系和治理能力的现代化。

三、当代依法行政制度的完善与创新

进入 21 世纪，随着全球化进程的加速和社会经济的快速发展，依法行政制度面临着新的挑战与机遇。为了适应新时代的发展要求，各国政府纷纷致力于依法行政制度的完善与创新，以期在保障公民权利、维护社会稳定、促进经济发展的同时，不断提升政府治理的现代化水平。本节将深入探讨当代依法行政制度在完善与创新方面的最新进展，分析其在法治政府建设中的重要作用。

（一）国家依法行政制度的发展趋势

在当代社会，依法行政制度正呈现出多方面的发展趋势。随着全球化的深入和治理现代化的推进，各国政府日益重视通过法律手段规范行政行为，提升法治化水平。立法工作不断加强，法律法规体系日益完善，同时注重提高法律的可执行性和可操作性。行政权力监督制约机制逐步健全，建立了多层次监督网络，包括人大监督、司法监督、社会监督和舆论监督等，确保行政权力合法正当行使。公民权利保障成为依法行政制度的核心，政府在制定和执行法律时充分考虑公民权益，加强权利保护和救济机制建设。政府信息公开和透明化进程加快，通过信息公开制度和完善渠道，增强公民对政府工作的理解和支持，促进决策民主化。跨部门协作和信息共享机制日益重要，政府通过加强部门间沟通，实现资源共享，提高治理效率。现代信息技术在依法行政中的应用日益广泛，电子政务平台、大数据、人工智能等技术手段提升了政府服务的便捷性和决策的科学性。

（二）中国依法行政制度的现代化进程

我国依法行政制度的现代化进程在改革开放后显著加速，体现了法治建设与政府治理能力的双重提升。1989 年《中华人民共和国行政诉讼法》的颁布，标志着行政法制监督制度的确立，为公众提供了监督政府依法行政的法律途径。此后，我国不断完善行政法律法规，加强执法规范化，推动决策科学化、民主化，并建立健全复议与诉讼制度，为依法行政奠定坚实基础。进入21世纪，《全面推进依法行政实施纲要》明确了依法行政的方向与任务，促进了法治政府建设。政府机构改革、职能转变及权力运行流程优化，提高了行政效率和公共服务水平。同时，加强执法队伍建设，推进政务公开与监督，确保行政行为合法合理。利用现代信息技术发展电子政务，增强了政府透明度与公信力。近年来，我国在环保、食品药品安全、安全生产等领域依法行政成效显著，市场秩序与公共利益得到有效维护。简政放权、优化服务改革也取得积极进展，为市场与社会活力释放创造了条件。这些成就彰显了我国依法行政制度现代化进程的积极成果，为构建高效、透明、公正的政府治理体系奠定了坚实基础。

（三）新时代依法行政的新要求与挑战

新时代背景下，依法行政面临更高要求与挑战。一方面，全面依法治国战略要求各级政府将法治观念融入工作，推动政府职能从管理型向服务型转变，完善法治政府建设标准，并促进依法行政与信息化融合，构建公正、高效、透明的政府治理体系。这要求政府严格执行法律法规，优化行政流程，提升服务效率，利用现代信息技术提高决策科学性和服务便捷性。另一方面，依法行政仍面临多重挑战。法律法规体系尚需完善，存在法律空白与滞后问题，需加强立改废释工作。行政执法能力有待提升，部分执法人员法律素养和执法能力不足，需加强培训和管理。行政监督与问责机制不健全，监督力度和公众参与渠道有限，需完善监督体系，强化问责机制。法治观念普及不足，需加强法治宣传教育，提升全社会法治意识。面对这些挑战，政府需采取有效措施，不断完善依法行政制度，提升执法能力，强化监督问责，普及法治观念，以推动依法行政深入发展，建设法治社会，为经济社会发展提供坚实保障。

第三节　依法行政与法治国家的关系

依法行政是现代国家治理体系的重要组成部分，与法治国家的建设密不可分。它不仅是法治国家建设的基石，也是衡量一个国家法治化水平的重要标志。深入探讨依法行政与法治国家之间的关系，对于推进国家治理体系和治理能力现代化具有重要意义。本节将从法治国家的概念与特征出发，分析依法行政在法治国家建设中的地位与作用，进而探讨法治国家建设对依法行政的要求，以及依法行政与法治国家建设如何相互促进，共同推动国家治理体系和治理能力的现代化。

一、法治国家的概念与特征

（一）法治国家的定义

法治国家，最早出现在德文中的一个概念，德文为"Rechtsstaat"，英文中为"Law-based state"，意思就是国家的治理需以法律为基础，尤其是行政权力须依法行使，因此，法治国家有时也叫作法治政府。从广义上，它泛指法治主义国家。法治国家是指国家机器的民主化、法治化。法治国家就是要实现法律的统治，但法律并不是统治的工具。法律及其内涵的价值一起应被奉为至上的存在，也就是说，在法治国家要树立法律的权威。法治国家与人治国家、警察国家等非法治国家相对立，与宪政国家相联系[1]。

（二）法治国家的基本特征

法治国家是现代国家治理的理想模式，其核心在于通过法律来规范国家权力运行、保障公民权利、维护社会秩序。其基本特征体现在多个方面，共同构

---

[1] 卓泽渊. 法治国家论 [M]. 北京：法律出版社，2008.

成了法治国家的基石。法律至上，这是法治国家的首要原则。在法治国家中，法律具有至高无上的地位，任何组织和个人都必须无条件服从法律，不得凌驾于法律之上。法律的权威性和普遍约束力得到充分体现，任何违法行为都将受到法律的制裁，确保了法律的尊严和有效性。法治国家强调权力制约，以防止权力滥用和腐败。既保障了公民权利不受侵犯，也维护了国家的稳定和发展。

法治国家致力于保障公民的基本权利和自由，如人身自由、言论自由、财产权等。法律为公民权利提供明确的保护，当公民权利受到侵害时，能提供有效的法律救济，体现了法治国家以人为本的治理理念。同时，法治国家还强调程序正义与实体正义并重。在诉讼和其他法律程序中，法律程序被严格遵守，确保公民受到公正对待，维护了司法公正和社会公平。法治国家坚持法律面前人人平等，无论身份地位如何，所有公民在法律面前一律平等。这既要求每个人都要遵守法律，也保障了每个人在法律的保护下生活和工作。

政府依法行政是法治国家的重要标志。政府的所有行为都必须有明确的法律依据，公职人员必须依法行使权力，不得超越法律授权的范围，确保了政府行为的合法性和规范性。司法独立与公正也是法治国家的重要特征。司法机关独立行使审判权，不受其他机关、团体和个人的干涉，保障了司法的公正性和权威性。最后，法治国家拥有完善、统一且协调一致的法律体系，确保了法律的稳定性和可预测性，为公民提供了明确的行为指引，也促进了社会的和谐与稳定。

二、依法行政在法治国家建设中的地位与作用

在法治国家的构建蓝图中，依法行政不仅是其不可或缺的核心支柱，更是推动国家治理体系和治理能力现代化的关键力量。依法行政通过确保政府行为在法律框架内规范运行，不仅维护了法律的权威与尊严，也为公民权利的保障和社会秩序的维护提供了坚实的制度保障。本节将深入探讨依法行政在法治国

家建设中的重要地位及其所发挥的关键作用。

（一）依法行政是法治国家建设的基石

依法行政是法治国家建设的基石，其重要性在于确保政府行为的合法性、规范性和透明度，对维护社会稳定、促进公平正义具有关键作用。它要求政府一切行为以法律为准绳，不超越法律授权，严格遵守法律法规，维护法律权威，增强公众信任。通过制定和执行严格的行政程序和规定，依法行政提升了政府行为的一致性和可预测性，提高了工作效率，减少了权力滥用，保障了公民权利和自由。同时，它推动政府决策透明化，公开决策过程，接受社会监督，增强了决策的公正性和公众认同感。依法行政通过规范政府行为，减少腐败现象，为社会营造公正、公平、稳定的法治环境，促进了社会和谐与公众对法治的信心。

（二）依法行政推动法治国家建设的具体表现

依法行政在法治国家建设中具体表现在多维度地促进了国家治理体系和治理能力的现代化。依法行政推动了法律法规体系的不断完善，确保政府行为有法可依，公民权利得到坚实保障。它严格规范了政府行为，要求所有行政活动必须在法律框架内进行，有效遏制了权力滥用和腐败现象，提升了政府公信力和社会信任度。同时，依法行政强调对公民基本权利的保护，为受侵害的公民提供法律救济，维护了社会公平正义。在司法领域，依法行政促进了司法公正，通过加强司法监督和完善司法程序，提高了司法审判的透明度和公信力，增强了公众对司法制度的信心。依法行政还推动了社会治理创新，鼓励政府采用法治思维和方式解决社会问题，通过引入市场机制和社会组织参与，提高了社会治理的效率和效果，促进了社会和谐稳定。依法行政显著提升了国家的国际形象，一个法制健全、政府行为规范的国家更易于赢得国际社会的尊重与信任，为国际合作与交流奠定了坚实基础，进一步推动了国家在全球治理中的积极参与和影响力提升。

三、法治国家建设对依法行政的要求

在法治国家建设的宏伟蓝图中，依法行政不仅是基石，更是推动其持续健康发展的关键动力。随着时代的发展和社会的进步，法治国家建设对依法行政提出了更高的要求，旨在构建一个更加公正、高效、透明的政府治理体系。本节将深入探讨法治国家建设对依法行政的具体要求，以期为依法行政的实践提供明确的方向和指引。

（一）完善法律法规体系，为依法行政提供坚实保障

法治国家建设要求构建一个完善、科学、合理的法律法规体系，以确保政府及公职人员在行使权力时有法可依、有章可循。这一体系需全面覆盖国家政治、经济、文化、社会等各个领域，具备前瞻性和系统性，既能满足当前社会需求，又能预见并应对未来挑战。立法工作应强化不同法律间的协调性，确保法律条文间逻辑清晰、相互支撑，避免冲突与矛盾，维护法律法规体系的内在逻辑一致性和整体完整性。法律法规的科学性是其有效性和权威性的基础，必须依托深入的社会调查和严谨的科学研究制定，准确反映社会现实，解决实际问题。法律法规应明确具体，易于理解和执行，为执法者提供明确操作指南，为监督者提供评判标准。同时，公众参与立法是提升法律法规民主性和合理性的关键，通过广泛邀请社会各界代表参与讨论，汇聚多元智慧，使法律法规更加贴近社会实际，反映民意，增强公信力。法律法规需及时更新以适应社会发展和国际形势变化。政府应建立常态化评估与修订机制，定期审查现行法律，剔除过时条款，填补法律空白，确保法律体系的时效性和适应性。特别要关注新技术、新业态、新模式的发展，及时制定相应监管框架，同时与国际法接轨，为我国企业"走出去"提供法律保障。

（二）加强行政权力监督，确保依法行政有效实施

在法治国家建设中，加强行政权力监督是确保依法行政有效实施的关键。为此，需建立健全多维度、全方位的监督体系，涵盖人大、司法、审计、社会及舆论监督，形成监督合力。同时，完善监督制度，构建系统完备、科学规范的法律法规体系，明确监督职责、程序及责任追究机制，确保监督工作法治化。提升监督效能，需加强监督机构建设，强化人员培训，利用现代信息技术构建智能化监督平台，畅通监督渠道，形成全社会共同监督的良好氛围。

强化内部监督，建立健全行政监察和行政复议机制，对行政行为进行全方位、多层次监督，确保权力规范行使。推动信息公开与透明，深入贯彻信息公开原则，保障公民知情权、参与权，拓宽公民参与渠道，强化信息公开监督机制，提升政府公信力。通过这些措施，能有效遏制权力滥用，保障依法行政，维护社会公平正义，推动法治政府建设不断取得新成效。

具体而言，政府应增加监督力量，优化机构设置，提升监督人员专业素养，利用大数据、云计算等技术手段提高监督精准性和时效性。同时，建立健全内部监督机制，加强行政监察和行政复议工作，确保行政行为合法合规。在信息公开方面，政府应主动公开关键信息，保障公民知情权，鼓励公民参与政策制定，强化信息公开监督机制，构建阳光政府形象。这些努力共同促进依法行政的深入实施，提升政府治理能力和水平。

（三）提升公务员法治素养，强化依法行政能力

提升公务员法治素养，强化依法行政能力，是推进依法行政、建设法治政府的重要基石。公务员是国家治理的直接执行者，其法治素养和依法行政能力直接关系到政府行为的合法性和规范性，影响着国家治理的效能和公信力。

应加强对公务员的法治教育培训。通过定期举办法治讲座、研讨会、案例分析等活动，系统学习宪法、行政法等相关法律法规，深入理解依法行政的基

本原则、程序和要求，不断提升公务员的法律意识和法治观念。同时，结合工作实际，开展模拟执法、模拟庭审等实践活动，增强公务员运用法律知识解决实际问题的能力。建立健全公务员法治考核机制。将法治素养和依法行政能力纳入公务员考核评价体系，是职务晋升、评优评先的重要依据。通过考核激励，促使公务员更加重视法治学习，不断提升自身的依法行政水平。

加强公务员职业道德建设，强化责任意识和担当精神。引导公务员树立正确的权力观、地位观、利益观，始终牢记为人民服务的宗旨，自觉遵守法律法规，严格依法办事，坚决抵制违法乱纪行为。最后，推动公务员队伍的专业化、职业化建设。通过优化公务员队伍结构，引进和培养具有法律专业背景的人才，提升公务员队伍的整体法治素养。同时，加强跨部门、跨领域的交流与合作，促进公务员综合素质的全面提升，为依法行政提供坚实的人才保障。

四、依法行政与法治国家建设的相互促进

依法行政是现代国家治理体系的核心要素，与法治国家建设之间存在着紧密的互动关系。二者相辅相成，共同推动着国家治理体系和治理能力的现代化进程。依法行政不仅为法治国家建设提供了坚实的基础和保障，同时，法治国家建设的深入推进也为依法行政创造了更加有利的条件和环境。

（一）依法行政促进法治观念的普及与深化

依法行政的实践过程深刻促进了法治观念的普及与深化。政府及其工作人员在依法行政中严格遵守法律法规，不仅是对法律条文的执行，更是法治精神的传递。这种自上而下的示范效应，带动了全社会对法治的重视与尊重，使法治观念逐渐深入人心。依法行政强调的公开、公正、公平原则，以及政府决策的透明化，增强了公众对政府行为的信任，激发了公众参与法治建设的积极性。同时，通过司法审查、行政复议等机制，公民权利得到有效救济，进一步

增强了公众对法治的信心。依法行政还推动了法治文化的建设，通过法治宣传教育和文化活动，营造了浓厚的法治氛围，使法治观念成为社会文化的重要组成部分。这一系列实践，不仅普及了法治知识，更深化了法治观念，为构建法治社会奠定了坚实基础。

（二）法治国家建设为依法行政创造良好环境

法治国家建设为依法行政创造了稳定、公正、透明的法律环境，是依法行政得以顺利实施的重要保障。在法治国家中，法律具有至高无上的地位，任何组织和个人都必须严格遵守，政府行为也不例外，这确保了依法行政在法律框架内进行，避免了随意性和无序性。同时，通过不断完善法律法规体系，为依法行政提供了全面的法律支撑，确保政府行为有法可依、有章可循。法治国家还注重权力制约与监督，通过立法、司法、社会等多层次监督机制，防止权力滥用和腐败现象，保障政府行为规范透明。法治国家强调公民权利保障，政府行为必须尊重和保护公民合法权益，增强了公民对政府的信任和支持，为依法行政提供了广泛的社会基础。法律文化的培育更是让法治观念深入人心，成为社会共识和价值追求，推动了依法行政的深入发展。

（三）两者共同推动国家治理体系和治理能力现代化

依法行政与法治国家建设相辅相成，共同推动国家治理体系和治理能力现代化。依法行政确保政府行为合法规范，提升决策科学性与民主性，为国家治理提供坚实基础。法治国家建设则为依法行政提供法律环境和制度保障，确保法律至上，防止权力滥用。两者结合，不仅促进法律制度完善，还提升政府治理效能，增强公民法律信仰。依法行政提升政府工作人员法律素养和执法能力，推动司法公正，为公民提供有效法律救济。同时，法治国家建设鼓励公民参与，增强政府透明度和公信力，促进社会和谐稳定。依法行政与法治国家建设共同提升公民参与度，建立政府与公民良性互动机制，确保政策制定贴近民生，增强政府工作透明度。通过两者协同作用，国家治理体系和治理能力得以现代化，为社会发展注入强大动力。

第四节　依法行政的基本原则与要求

依法行政是现代国家治理的核心原则，其有效实施依赖于一系列明确的基本原则与具体要求。这些原则和要求不仅为政府行为划定了清晰的边界，也为公民权利的保障提供了坚实的法律基础。本节将深入探讨依法行政的基本原则，明确依法行政的具体要求，旨在为促进政府行为的规范化、法治化提供理论指导和实践路径。

一、依法行政的基本原则

（一）合法性原则

合法性原则是依法行政的基石，强调行政机关行为必须严格遵循法律法规，确保所有行政活动在法律授权范围内进行。这要求行政机关行使权力前，必须有明确的法律授权，防止权力滥用。在实体上，行政行为必须合法合规，不得与法律相抵触，确保决策的正当性。程序上，行政机关必须遵循法定步骤、方式和时限，保证行政过程的公正透明。同时，行政机关及其工作人员需对违法行为承担法律责任，包括赔偿公民、法人或其他组织因违法行政行为遭受的损失。合法性原则不仅约束了行政权力，也保障了公民权利，体现了法律至上的法治精神，是依法行政不可或缺的原则。

（二）合理性原则

合理性原则是依法行政的重要组成部分，要求行政机关在行使权力和作出行政行为时，不仅遵循法律法规，还需确保行为的合理性和公正性。它强调行政行为应符合公众认知的公平正义标准，避免片面、武断或歧视性决策，保障行政相对人的平等权益。行政机关在行使裁量权时，需考虑行政目的与手段的适当性，选择对相对人权益影响最小的措施。比例原则要求措施与目的间保持合理比例，避免过度干预公民权益。同时，行政机关应廉洁自律，不得滥用权力谋取私利，维护政府公信力和公民权利。合理性原则旨在构建公正、透明、高效的政府治理体系，推动依法行政精神深入实践。

（三）程序正当原则

程序正当原则是依法行政不可或缺的关键要素，它确保行政机关在行使权力和作出行政行为时，严格遵循法定程序，维护行政过程的公正、公开与透明。该原则强调公开透明，要求行政机关及时、全面地公开行政决策的依据、理由、程序及结果，接受社会监督，防止暗箱操作，增强公众信任。程序正当原则鼓励公众参与行政过程，保障公民的知情权、参与权和监督权，通过听取公众意见、举行听证会等方式，提升行政决策的科学性和民主性，增强行政行为的可接受性。同时，该原则要求行政机关保持中立，避免偏私和歧视，排除个人情感、偏见和利益干扰，确保行政行为的公正性，并建立回避制度防止利益冲突。程序正当原则还强调为公民提供行政复议、行政诉讼等法律救济途径，保障公民在合法权益受到侵害时能寻求有效救济，以此监督和制约行政机关行为，维护公民权利。

（四）高效便民原则

高效便民原则强调行政机关在依法行政的同时，注重提升行政效率和服务质量，为公民提供便捷、高效的政务服务。该原则要求行政机关精简流程、引入现代信息技术，如电子政务平台，实现资源共享与效率提升，降低公民办事成本。同时，提供全面、及时的信息服务，回应公民诉求，优化服务流程，满足多元化需求。推行"一网通办""最多跑一次"等便民措施，减少审批环节，提升服务便捷性。加强政务服务标准化，确保服务质量与效率统一。在此过程中，严格保护公民合法权益，尊重其知情权、参与权等，对行政行为损害依法赔偿，彰显法治与人文关怀，构建服务型政府。

（五）权责统一原则

权责统一原则是依法行政的基石，强调权力与责任不可分割。它要求行政机关在行使权力的同时，必须明确并承担相应责任，确保权力合法、正当行使。行政机关应严格遵循法律法规，界定清晰职责，积极履行法定职责，不得推诿拖延。同时，接受人大、司法、社会及舆论等多方监督，确保权力行使透明公正。对违法失职行为，行政机关及其工作人员需承担法律责任，维护法治权威和公民权益。权责统一原则促使行政机关审慎用权、积极履责，推动法治政府建设，维护社会公平正义和稳定发展。通过实施该原则，构建负责任、高效能的政府治理体系。

二、依法行政的具体要求

依法行政不仅是一项基本原则，更需要在实践中得到具体落实。为了确保依法行政的有效实施，必须明确一系列具体要求，以指导行政机关的行为规范，保障公民权利的实现，以及推动法治国家的建设。以下将从加强法治宣传教育、完善行政立法、规范行政执法行为、强化行政监督与问责、推进政务公开与信息公开等方面，详细阐述依法行政的具体要求。

（一）加强法治宣传教育

加强法治宣传教育是依法行政不可或缺的基础性工作。它旨在提高全社会对法治的认知和尊重，增强公民的法律意识和法治观念。法治宣传教育需面向全社会，包括政府工作人员、普通公民及企业法人等，利用多种媒体渠道普及法律知识，特别重视青少年的法治教育，为法治社会培养未来力量。教育应注重实效性和针对性，结合社会热点和典型案例，增强公众的法律敬畏感。政府应主导法治教育纳入国民教育体系，鼓励社会各界参与，形成法治建设合力。建立长效机制，定期评估宣传效果，调整策略，确保教育针对性和实效性。同时，加强法治宣传教育队伍建设，提升教育工作者法律素养和宣传能力，为依法行政奠定坚实的人才基础，共同营造尊法学法守法用法的社会氛围。

（二）完善行政立法

完善行政立法是依法行政的核心环节，对于构建法治政府至关重要。提升立法质量，确保科学性、民主性和合法性，需深入调研、广泛听取意见，避免立法脱离实际。立法后评估与修订，保证法律与时俱进。加强立法协调，确保法律体系内部和谐统一，与国际法律接轨，提升国际化水平。推进公众参与，通过立法听证会、公开征求意见等方式，增强立法民主性和透明度，提升公众法律素养。强化立法监督，人大及其常委会应严格审查和监督行政立法，建立健全责任追究机制，维护法制尊严。同时，利用现代信息技术，如立法数据库、在线立法平台，提高立法效率和透明度，加强立法数据分析，支持科学立法，推动立法工作科学化、智能化发展。这些措施共同促进依法行政，为法治政府建设奠定坚实基础。

（三）规范行政执法行为

规范行政执法行为是依法行政的关键，它要求行政执法机关严格依法办事，确保每项执法行为合法合规。加强执法队伍建设，提升执法人员法律素养和执法能力，通过培训和考核确保执法行为的规范性。推进执法公开透明，主动公开执法信息，接受社会监督，增强执法公信力。强化执法监督与问责，对违法或不当执法行为严肃追责，形成有效震慑。同时，鼓励公民、社会组织参与监督，构建多元化监督体系。利用现代信息技术如大数据、云计算等提升执法效能，建立信息共享平台，实现精准执法。加强执法装备现代化建设，提高执法科技含量，适应新时代执法需求。这些措施共同促进依法行政，维护社会公平正义，保障公民合法权益。

（四）强化行政监督与问责

强化行政监督与问责是依法行政的重要保障。需构建多层次、全方位监督体系，整合人大、司法、审计、社会和舆论监督力量，形成监督合力。制定完善法律法规，明确监督主体、对象、内容及程序，建立责任追究机制，确保监督有法可依、有章可循。加强监督机构建设和人员培训，利用现代信息技术提升监督精准性和时效性，拓宽监督渠道，鼓励公众参与，提升监督效能。同时，健全内部监督机制，如行政监察、行政复议，确保行政行为合法合规。推动信息公开透明，保障公民知情权、参与权和监督权，减少权力滥用空间。严格问责机制，对违法或不当行使权力行为依法严肃处理，形成有效震慑，维护法治权威。通过这些措施，确保依法行政有效实施，提升政府公信力和治理效能。

（五）推进政务公开与信息公开

推进政务公开与信息公开是依法行政的基石，对提升政府透明度、增强公众信任至关重要。政府需明确信息公开范围，涵盖政策法规、财政、资源配置等关键领域，确保除法定不公开事项外，信息全面开放。构建完善信息公开机制与平台，利用政府网站、新媒体拓宽信息获取渠道，增强政策透明度。强化制度保障与监督，制定法律法规，建立健全监督机制，确保信息公开及时、准确、全面。鼓励公众参与监督，形成共同推进信息公开氛围。注重公众参与与反馈，建立民意征集、公众评议机制，优化信息公开工作。利用大数据、云计算等技术提升信息公开效能，构建统一平台，实现信息整合共享，为政府决策提供精准数据支持，推动政府治理现代化。

三、依法行政的实践意义

依法行政不仅是理论上的要求，更是实践中推动国家治理体系和治理能力现代化的重要途径。其深入实施不仅关乎政府行为的规范化与法治化，更对社会公平正义的维护、公民权利的保障以及法治国家的全面建设具有深远影响。以下将从多个维度探讨依法行政在实践中的重要意义。

（一）促进政府职能转变

依法行政对推动政府职能转变具有关键作用。它要求政府明确界定与市场、社会的关系，从"全能型"向"服务型"转变。依法行政促使政府简政放权，减少行政审批，激发市场活力。同时，优化公共服务，利用现代信息技术提升服务质量和效率，满足民众需求。强化市场监管，维护市场秩序和公平竞争，保护消费者权益。依法行政还推动政府决策科学化、民主化，通过公众参与、专家论证等方式确保决策合理。政府注重决策后评估与监督，及时调整政策，提高执行力。这些转变不仅提升了政府效能，还促进了社会经济的健康发展，增强了公众对政府的信任和支持，为构建法治政府和服务型政府奠定了坚实基础。

（二）维护社会公平正义

依法行政在维护社会公平正义中发挥着至关重要的作用。它要求政府行为必须严格依法进行，确保公民在法律面前一律平等，无论是实体权利还是程序权利都不受歧视。依法行政通过打击违法犯罪行为，有效保护公民的基本权利，如人身自由、财产权等，为公民提供一个安全稳定的社会环境。同时，政府还通过法律援助制度，为弱势群体提供法律帮助，确保他们在法律面前也能得到公正对待，从而维护社会的公平正义。在决策过程中，依法行政强调公开透明和民主参与，政府通过广泛听取公众意见、组织听证会等方式，让公民参与到决策过程中来，这增强了决策的科学性和合理性，也提升了公众对政府的信任度。依法行政还注重强化司法公正与独立，为公民提供有效的法律救济途径，当公民权利受到侵害时，能通过司法途径获得公正解决，这进一步维护了社会的公平正义。这些举措共同构建了一个公平、正义的社会环境，促进了社会的和谐稳定。依法行政不仅体现了法治精神的核心价值，也是治理现代化的重要标志。通过依法行政，政府能更好地履行其职责，保障公民权利，维护社会秩序，推动社会进步。因此，依法行政不仅是治理现代化的要求，更是维护社会公平正义、推动社会进步的重要保障。

（三）推动法治国家建设

依法行政是法治国家建设的核心驱动力，为法治国家的稳固发展奠定了坚实基础。它强化了法律的权威性和普遍约束力，确保政府行为严格遵循法律框架，任何组织和个人均须无条件服从法律，维护了法治的尊严。依法行政促进了体系的持续完善，通过不断修订和更新法律，以适应社会经济发展的新需求，同时增强了法律间的协调性和一致性，避免了法律冲突，提升了法律体系的整体效能。依法行政还显著提升了政府行为的规范性和透明度，确保政府行为在法律框架内运作，并接受社会广泛监督，增强了公众对政府行为的信任和支持。它推动了政府决策的民主化和科学化进程，使决策更加贴近公众利益和社会需求，增强了决策的合法性和执行力。依法行政在培育和传播法治文化中发挥了关键作用，通过普及法律知识和提升公众法律意识，使法治精神深入人心，成为社会治理的重要支撑。依法行政有力推动了国家治理体系和治理能力的现代化，使政府行为更加规范、高效和透明，提升了政府的公信力和执行力，为国家的长期稳定和可持续发展提供了有力保障。依法行政不仅是法治国家建设的基石，更是推动其不断深化发展的关键力量，对于构建和谐社会、实现国家治理现代化具有重要意义。

第二章

我国依法行政的法制框架

依法行政是现代国家治理的核心原则，其有效实施离不开完善的法制框架为支撑。本章将深入探讨我国依法行政的法制基础，从宪法基础与行政法体系出发，详细阐述行政法规与规章的制定程序，分析行政权力清单与责任清单制度的构建与实施，以及依法行政监督机制的完善情况。通过全面剖析我国依法行政的法制框架，旨在为理解我国依法行政的现状与未来发展方向提供坚实的理论基础。

第一节 宪法基础与行政法体系

宪法是我国的根本大法，不仅为我国的政治、经济、文化等各个领域提供了基本的法律框架，也为依法行政奠定了坚实的宪法基础。行政法体系是宪法原则的具体化，对于规范政府行为、保障公民权利具有重要意义。本节将深入探讨宪法在依法行政中的核心地位，以及行政法体系的构成与特点，为理解我国依法行政的法制框架奠定理论基础。

一、宪法在依法行政中的核心地位

（一）宪法作为国家根本法的意义

"宪法是国家的根本大法""宪法具有最高的法律地位和法律效力"之类的话语人们经常听到，但是对于其经历的漫长历史过程以及蕴含其中的深刻的立宪主义原理，即使是法律学甚至宪法学业内人士也未必皆知其详。或许是由于这种背景性宪法智识的缺失或不足，才导致一些人对宪法的权威地位和最高法律效力问题上的认识不足甚至漠视。宪法确立了依法行政的基本原则，明确了政府权力来源、界限及行使方式，要求政府行为严格依法进行，保障权力合法正当。宪法保障公民基本权利，如人身自由、言论自由等，为依法行政提供价值导向，防止权力滥用侵害公民权益。同时，宪法规范国家权力运行，设立监督机制，确保权力在法治轨道上运行，遏制腐败。在依法行政中，宪法为法律解释和适用提供根本指导，保障法律适用的统一性和权威性。宪法在依法行政中居核心地位，推动法治国家建设，维护社会公平正义与和谐稳定，依法行政须严格遵循宪法原则，实现国家治理现代化[1]。

---

[1] 陈云生.再论宪法为什么是重要的——基于从高级法到宪法至上的智识背景和历史经验的解读 [J].中国社会科学院研究生院学报，2009，（02）：75-82.

（二）宪法对依法行政的基本原则规定

宪法是国家根本大法，对依法行政的基本原则作出了明确规定，为政府行为提供了坚实的法制基础。宪法确立了法律至上的原则，要求政府必须依法行政，不得超越法律授权或违反法律规定，彰显了法治精神。同时，宪法对政府权力进行制约和监督，防止权力滥用，确保权力在法治轨道上运行。宪法明确保障公民基本权利，如人身自由、言论自由、财产权等，依法行政需充分尊重和保护这些权利，防止权力侵害公民权益。宪法强调行政过程的公开、公正、透明，要求政府遵循正当程序，保障公民知情权、参与权和监督权。最后，宪法规定政府及其工作人员在行使权力时须承担法律责任，依法行政需明确权力与责任的对应关系，对违法或不当行为依法追究责任，体现权责统一原则。这些原则共同构成了依法行政的法制基石，推动了法治国家的建设。

二、行政法体系概述

行政法体系是宪法原则的具体化，是规范政府行政行为、保障公民权利的重要法律部门。它不仅涵盖了行政组织法、行政行为法、行政程序法等多个子领域，还通过一系列法律法规，为政府依法行政提供了全面而系统的法律支撑。以下将对行政法体系的构成、特点及其在我国的发展情况进行深入探讨。

（一）行政法体系的构成

我国行政法规范的体系化构建，显然应当摆脱对教义学和行为方式方法的依赖，根据本土的法治发展战略选择行政法体系化方法。依据党的十八届四中全会关于法治政府建设的总体要求，应当将全面依法履行政府职能是行政法规范体系化构建的原则和目标，进而将政府职能或者行政任务是统一行政法规范的主要方法。这就是说我国应当采用以行政职能为主，以行为方式等为辅的行政法体系化方法。在现阶段应当根据政府职能的优先性，将发展视为统一行政法规范的基础和先导。在理论上认可行政法规范体系化的多元方法后，还需要克服在实际应用方面的理论障碍。

行政法体系是规范政府行为、保障公民权利的重要法律框架，由行政组织法、行政行为法、行政程序法、行政监督法和行政救济法五大核心板块构成。行政组织法为行政机关的设立、组织结构和职权范围提供了法律支撑，确保行政机关合法运作。行政行为法详细规定行政行为的种类、程序及救济途径，保障行政权力的合法、合理行使。行政程序法虽未统一法典化，但广泛涵盖于各单行法规中，强调行政行为必须遵循的公正、公开、高效程序，防止权力滥用。行政监督法通过监察、复议、诉讼等机制，对行政行为进行合法性、合理性审查，确保依法行政，并为公民提供权益维护途径。行政救济法则为行政相对人提供行政复议、诉讼和国家赔偿等救济手段，保障其合法权益，推动行政机关依法行政。这五大板块相互关联、相辅相成，共同构建了依法行政的坚实基础，促进政府行为规范化，保障公民权利，推动法治国家建设 [1]。

（二）行政法体系的特点

行政法体系以其独特性和复杂性成为现代法治国家的基石。其核心特征在于单方面性，即行政机关能单方面决定行政法律关系，以国家强制力保障行政决定执行，维护社会秩序与公共利益。行政法体系还展现出显著变动性，随社会发展和行政管理变革而不断调整，确保法律时效性。因行政管理的广泛性与复杂性，行政法未形成统一法典，而是由众多法律规范构成，灵活应对多样需求。依法行政是行政法体系的本质，强调法律至上，确保行政权力合法行使，保障公民权利与自由。行政法通过法律手段推动社会进步，同时平衡各方利

---

[1] 于安 . 我国行政法的体系建构和结构调整 [J]. 中国法律评论，2023，（01）：80-90.

益，维护公平正义。其价值实现需深刻洞察社会环境，协调不同价值冲突，依赖法律制度完善与社会各界参与[1]。

三、宪法与行政法的相互关系

宪法是国家的根本大法，为行政法提供了基本的法律框架和原则指导，而行政法则是宪法原则在行政管理领域的具体化和实施。二者之间存在着密切的相互关系，共同构成了现代国家治理的法律基础。以下将深入探讨宪法与行政法之间的内在联系、相互作用以及它们共同推动法治国家建设的重要作用。

（一）宪法对行政法的指导作用

宪法是国家的根本大法，对行政法具有深远的指导作用。宪法为行政法提供法律基础与原则性指导，明确国家机构架构、权力分配及公民基本权利与义务，确保行政法活动在宪法框架内有序进行。宪法确立的法治、权力制约和人权保障原则，指导行政法立法方向，规范实施过程，防止权力滥用，保护公民权益。行政法制定需严格遵循宪法，明确行政机关职权、行为方式及法律责任，确保权力合法行使。同时，宪法对公民权利的保障是行政法实施的重要导向，行政法必须尊重和保护公民基本权利，提供法律救济途径。宪法还推动行政法及法律体系不断完善，促进法治国家建设，适应经济社会发展新要求，提升政府治理效能和公正性，为构建公正、透明、高效的政府治理体系提供支撑。

（二）行政法对宪法的实施与细化

1. 具体化宪法原则

行政法通过制定详细的法律规范，将宪法中的抽象原则具体化，如法治原

---

[1] 卓泽渊．法的价值论 [M].北京：法律出版社，1999.

则、权力制约原则和人权保障原则，确保这些原则在行政管理中得到有效执行。具体化的法律规范为政府行为设定了明确的界限和标准，提供了指导和约束，防止权力滥用，保护公民权益。这些规范不仅增强了行政行为的合法性和透明度，还促进了宪法精神的深入贯彻，为构建法治政府、维护社会公平正义奠定了坚实基础。通过行政法的细化与落实，宪法原则得以在行政管理中生根发芽，发挥其应有的指导与保障作用。

2. 制定行政程序规范

行政法通过制定行政程序规范，为行政机关行使权力设定了明确的步骤、方式和时限，确保行政行为的合法性和公正性。这些规范包括信息公开、听证、回避、说明理由等制度，要求行政机关在决策和执行过程中必须遵循法定程序，保障当事人的知情权和参与权。这些程序不仅提升了行政效率，确保了决策的科学性和透明度，还增强了公众对行政决定的信任度和满意度，促进了政府与公民之间的和谐关系，为构建法治政府、维护社会稳定奠定了坚实基础。

3. 设立监督与救济机制

行政法通过设立行政复议、行政诉讼等制度，为公民提供了对行政行为进行监督和救济的重要渠道。行政复议允许公民对行政机关的具体行政行为提出异议，要求行政机关重新审查并作出决定，从而实现对行政行为的内部监督。而行政诉讼则赋予公民通过司法途径挑战违法行政行为的权利，法院将依法审查行政行为的合法性，为公民提供法律救济。这些机制不仅有助于及时纠正违法或不当的行政行为，维护公民合法权益，还增强了公民对行政权力的监督能力，促使行政机关依法行政，规范行使权力，推动行政管理的法治化进程，提升了政府公信力和社会治理水平。

4. 强调公民权利保护

行政法强调对公民权利的尊重与保护，通过明确的法律规范禁止行政机关侵犯公民基本权利，如人身自由、财产权等。当公民权利受到侵害时，行政法提供了行政复议、行政诉讼等多种法律救济途径，确保公民能及时获得公正有效的保护。这些措施不仅维护了公民个体的合法权益，也促进了社会公平正义的实现，彰显了法治精神，为构建和谐社会提供了坚实的法律保障。

5. 规范行政组织与管理

行政法通过规范行政组织的设置与管理，为政府机构的合法性和有效性提供了坚实的法律基础。它明确了行政机关的职责、权限和相互关系，确保了行政权力的合理配置和有效运行。这一规范不仅有助于优化政府结构，避免机构臃肿和职能重叠，还提高了行政效率，使得政府能更快速地响应社会需求和解决问题。同时，行政法对行政组织管理的规范，推动了政府治理体系和治理能力的现代化。它要求行政机关遵循法定程序，加强内部管理和监督，提高决策的科学性和透明度。这些措施促进了政府行为的规范化、法治化，增强了政府的公信力和执行力。行政法还鼓励行政机关采用现代信息技术手段，提升行政管理的智能化水平，进一步提高了政府服务效率和公众满意度。

（三）宪法与行政法的共同目标

宪法与行政法协同推动国家法治化进程，旨在保障公民权利、维护社会稳定与公平正义，提升政府治理效能。宪法奠定法律基础，行政法具体规范政府行为，两者共同维护公民权利，防止权力滥用。我国行政法体系逐步完善，未来需加快立法进程，提升执法水平，完善监督机制，保护公民权利，推动行政程序规范化，促进立法科学性，加强信息化建设，提升行政智能化，并注重国际交流与合作。这些举措将推动行政法体系进一步发展，为依法行政提供坚实保障，促进国家治理体系和治理能力现代化，构建更加公正、透明、高效的政府治理体系。

四、我国行政法体系的发展与完善

随着我国法治建设推进，行政法体系不断发展完善，成就显著但仍面临挑战。本节将探讨其发展历程、现状评估及未来趋势，并提出完善建议，旨在推动我国行政法体系进一步发展。

（一）行政法体系的现状评估

我国行政法体系在多年发展后，已构建起较为完整的法律框架，为政府依法行政提供了坚实支撑。依法行政意识显著增强，各级政府重视运用法律手段解决问题，行政程序规范化取得长足进步，提升了行政行为的透明度和公正性。多元化行政监督机制在规范政府行为、保障公民权利方面发挥了重要作用。然而，行政法体系仍面临挑战：法律法规需进一步完善，新兴领域存在法律空白和滞后；部分地区行政执法水平有待提高，执法不规范、不公正现象存在；监督机制在实际操作中存在不到位、力度不够等问题；部分公民法治意识不足，需加强法治宣传教育。未来，需加快立法步伐，提升执法水平，强化监督力度，加强法治宣传教育，以推动我国行政法体系的进一步完善，为依法行政提供更强有力的法律保障，促进社会公平正义和治理现代化。

（二）行政法体系的发展趋势

行政法体系正经历着深刻变革，以适应社会发展、经济变革和法治建设的新要求。法典化趋势虽面临挑战，但行政程序法典或行政诉讼法典的制定已具可行性，旨在统一法律规范，提升操作性。国际化促使行政法借鉴国际经验，参与国际规则制定，提升国际影响力。公私法融合反映管理手段多样化，行政法跨领域整合，促进法律体系的现代化。现代化趋势表现为从权力行政向福利行政转变，实质法治原则兴起，内容更趋多元化和民主化。服务化强调行政法服务于经济社会发展，政府需开放服务，优化公共管理。重视行政程序提升效率和透明度，保障公民权利。合理化引入合理行政原则，监督自由裁量权。经济分析使行政立法更科学。功能化与多元化趋势显现，行政法拓展，救济途径多样化，如行政指导、行政合同等，以及行政裁决、赔偿、申诉专员制度等。调整范围扩大，将新兴高行政活动能力组织纳入调控，应对社会变革新挑战。这些趋势共同推动行政法体系不断完善，适应新时代需求 [1]。

（三）完善行政法体系的建议

鉴于我国行政法体系当前面临的挑战，为促进其不断完善与发展，提出以下具体完善策略：加快立法进程，填补法律空白，定期评估修订现有法规，确保法律法规与社会经济发展同步。提升执法水平，强化执法队伍建设，建立执法责任制和过错追究机制，以增强执法公信力。完善监督机制，借助现代信息技术提高监督效能，保障行政权力合法行使。加强公民权利保护，拓宽救济渠道，明确救济途径，提升公民法治意识。推动行政程序规范化，优化流程，简化审批，提高行政效率。立法应兼顾科学性与民主性，广泛征求公众意见，提高立法透明度。加强信息化建设，利用大数据、云计算等技术提升行政智能化。注重国际交流与合作，借鉴国外经验，提升行政法体系国际化水平。通过这一系列综合措施，有力推动我国行政法体系持续优化，为构建法治政府、增强治理效能奠定坚实基础。

第二节　行政法规与规章的制定程序

行政法规与规章是行政法体系的重要组成部分，其制定程序的规范性和科学性对于确保法规的合法性和有效性至关重要。本节将深入探讨行政法规与规章的制定程序，包括立项与起草、审查与决定、公布与施行等关键环节，以期为行政法规与规章的规范化制定提供理论指导和实践参考。

---

[1] 罗豪才 . 现代行政法制的发展趋势 [M]. 北京：法律出版社，2004.

一、行政法规的制定程序

（一）立项与起草

行政法规的制定程序始于立项，这一环节由国务院相关部门基于社会发展需求、法律实施情况及政策导向提出立法或修订建议。立项建议需明确立法目的、政策依据及主要制度框架，经国务院法制机构评估论证后，结合国家工作部署，确定立项项目，并纳入年度立法计划，经党中央、国务院批准后公布。随后进入起草阶段，由国务院相关部门或法制机构负责，对重要行政管理法规，通常由法制机构组织起草。起草过程中，需深入调研，广泛听取各方意见，确保法规内容的科学性和合理性。同时，除特定情况外，草案及其说明需向社会公开征求意见，期限不少于 30 日。对于专业性较强的法规，可邀请专家参与或委托专业机构起草。完成起草后，由起草部门主要负责人签署送审稿，涉及多部门职责的需联合报送。立项与起草是行政法规制定程序的基础，为后续审查、决定及公布等环节提供了关键性支撑，确保了法规制定的严谨性和民主性。

（二）审查与决定

在行政法规草案完成起草并广泛征求意见后，随即进入审查阶段。国务院法制机构为主导，对草案进行全方位、细致的审查，涵盖合法性、合理性、协调性及可操作性等多个维度，确保草案内容符合宪法法律要求，适应社会经济发展，避免法律冲突，且易于执行。审查过程中，可能通过征求意见、实地调研、召开座谈会等方式，广泛吸纳各方意见，进一步完善草案。随后，经过审查修改的草案将提交至国务院常务会议或全体会议审议，这是决定其命运的关键步骤。审议中，国务院会深入评估草案的必要性、可行性及潜在社会影响，审议结果可能包括直接通过、原则通过但需修改，或不予通过。一旦草案获得通过，国务院将以发布国务院令的形式予以公布，标志着行政法规的正式生效与实施，至此，行政法规的制定程序圆满完成。

（三）公布与施行

行政法规在获得国务院通过后，随即进入公布阶段。公布是行政法规生效的前提，通常由国务院总理签署国务院令予以公布，内容涵盖行政法规全文、施行日期及制定的依据等。公布方式多样，但主要通过国务院公报、我国政府法制信息网及全国范围内发行的报纸进行，其中国务院公报上的文本为标准文本，具备最高法律效力。随后，行政法规进入施行阶段，即开始产生法律效力。一般规定自公布之日起 30 日后施行，以给予公众适应时间。但在涉及国家安全等紧急情况下，可自公布之日起立即施行。在施行过程中，各级行政机关依据法规开展工作，公众亦需自觉遵守，以维护社会秩序和公共利益。对违反法规的行为，行政机关将依法查处，确保法规严肃性和权威性。行政法规在公布后 30 日内，需由国务院办公厅报全国人民代表大会常务委员会备案，以加强监督、确保合法性。全国人大常委会有权对备案法规进行审查，如发现与宪法或法律相抵触，有权撤销。这一过程确保了行政法规的合法性、有效性和权威性，为依法行政提供了坚实保障。

二、规章的制定程序

规章是行政管理中的重要规范性文件，其制定程序同样需要遵循严格的法定步骤，以确保规章的合法性和有效性。以下将详细阐述规章的立项、起草、审查、决定、公布与施行等关键环节，以期对规章的制定过程有一个全面而深入的了解。

（一）规章的立项与起草

规章的制定程序始于立项，这一步骤通常由具备规章制定权的政府部门或机构依据行政管理需求、法律法规授权及社会发展实际提出。立项需明确规章目的、依据、内容及预期效果，经内部论证评估后形成报告，报请上级或本级政府批准。立项获批后，进入起草阶段，由立项部门负责，必要时可组建起草小组或委托专业机构。起草过程中，需广泛收集资料，深入研究法律法规，确保内容合法科学。同时，通过座谈会、论证会、公开征求意见等方式，充分听取各方意见，增强规章的民主性和可操作性。完成起草后，形成规章草案及其说明，报送审查机关。规章的立项与起草是制定程序的基础，对于保障规章的合法性、科学性和民主性至关重要，为后续审查、决定等程序奠定了坚实基础。

（二）规章的审查与决定

规章草案报送审查机关后，即进入审查阶段。此阶段由具备规章审查权的政府部门或机构负责，对草案进行合法性、合理性、协调性等全面审查，确保草案符合宪法、法律、行政法规要求，遵循法定权限和程序，与现行规章、规范性文件相协调，并充分听取各方意见，体现民主决策。审查过程中，审查机关可能要求起草单位补充说明或补充材料，组织专家论证会、听证会等进一步听取意见，对于涉及重大公共利益或公众切身利益的草案，还可能通过媒体、网络公开征求公众意见，增强公开性和透明度。经过审查修改的规章草案，将提交有权机关进行审议决定。有权机关根据规章制定权限和程序规定，可能是政府常务会议、办公会议等，对草案进行最终把关，确保其符合法律法规、社会公共利益，具备可操作性和可执行性。审议结果通常包括通过审议决定发布规章，或不予通过要求起草单位修改完善后重新报送审查。一旦规章获得通过，有权机关将签署发布令，正式公布规章，并明确施行日期和有效期等事项。规章的审查与决定环节，通过严格把关和审议，确保了规章的合法性、科学性和民主性，为规章的有效实施奠定了坚实基础。

（三）规章的公布、备案与施行

规章经有权机关审议通过后，需及时公布，以便公众知悉并遵守。公布工作通常由有权机关或其指定机构负责，通过政府公报、官方网站、新闻媒体等多种渠道进行，内容涵盖规章全文、制定机关、施行日期等关键信息。公布不仅是规章生效的前提，也是保障公众知情权、参与权、监督权的重要环节。随后，规章需按照法定程序向上级行政机关或立法机关备案，这是上级对下级制定规章行为进行监督的重要方式，旨在确保规章的合法性和规范性。备案机关将对规章进行审查，一旦发现与上位法相抵触或存在其他违法情形，有权依法处理。规章自公布之日起生效，但具体施行日期可由制定机关根据实际情况规定，通常会设置缓冲期，便于公众和相关单位适用新规章。施行期间，制定机关需加强规章的宣传和解释，确保公众准确理解，促进有效实施。同时，各级行政机关应严格遵循规章要求，确保其权威性和执行力。规章的公布、备案与施行构成其制定程序的最后环节，也是其发挥实效的关键步骤。通过这一系列流程，确保规章的合法性、规范性，推动依法行政，维护社会公平正义。

三、行政法规与规章制定程序的异同点分析

行政法规与规章是行政法体系中的重要组成部分，其制定程序在遵循基本法治原则的同时，也展现出各自的特点和差异。以下将对行政法规与规章的制定程序进行详细比较，分析它们的异同点，以便更深入地理解两者在行政法体系中的地位和作用。

（一）相同点

行政法规与规章在制定程序上存在诸多相同点。它们都严格遵循法治原则，确保行政行为的合法性和规范性，这体现了对宪法和法律的尊重与遵守。两者的制定过程均包含立项、起草、审查、决定、公布等规范程序，这些程序的设计旨在保障制定过程的科学性、民主性和透明度。公众参与是两者制定程序中不可或缺的一环，通过广泛听取公众、专家、学者等各方意见，增强了制定的民主性和科学性。在审查阶段，行政法规与规章均需对草案的合法性进行

严格审查，确保其与上位法保持一致，不抵触宪法和法律的规定，从而维护了法制的统一性和权威性。这些相同点共同构成了行政法规与规章制定程序的基本框架，体现了依法行政和法治政府建设的基本要求。

（二）不同点

行政法规与规章在制定程序上存在显著不同。制定主体方面，行政法规由国务院制定，具有更高的法律地位；而规章则通常由国务院各部门或地方政府制定，法律地位相对较低。在适用范围上，行政法规在全国范围内具有普遍约束力，适用于全国行政管理活动；规章则主要在其制定机关管辖范围内有效，适用范围有限。审查程序上，行政法规需经国务院法制机构严格审查，并报请国务院常务会议或全体会议审议决定；规章审查程序相对简化，多由制定机关自行审查决定。公布与备案要求上，行政法规由国务院总理签署国务院令公布，并报全国人大常委会备案；规章则由制定机关主要负责人签署公布，并报上级行政机关备案。这些差异反映了行政法规与规章在行政法体系中的不同定位和作用。

四、完善行政法规与规章制定程序的建议

行政法规与规章是行政法体系的重要组成部分，其制定程序的规范与完善对于提升行政法治的水平和效能至关重要。针对当前行政法规与规章制定程序中存在的不足之处，以下提出几点完善建议，以期进一步推动行政法治建设的深入发展。

（一）加强立法计划的科学性与前瞻性

在制定行政法规与规章的立法计划时，应强化科学性与前瞻性的融合。科学性要求立法计划基于深入调研和科学分析，确保立法项目选择、时间安排、资源配置合理有效，全面评估立法项目的必要性、可行性和紧迫性，并注重立

法项目的均衡布局。前瞻性则强调立法计划应具备预见性，提前规划和布局未来法律法规，特别是针对新兴技术、新业态等领域，及时捕捉立法需求，提供前瞻性法律保障。立法计划还需与其他规划、政策协调一致，形成整体合力。通过科学性与前瞻性的结合，可提升立法质量和效率，为经济社会发展提供坚实法律支撑。

（二）提高立法过程的透明度与参与度

提高立法过程的透明度与参与度，是增强行政法规与规章制定程序民主性、科学性的关键举措。透明度方面，立法机关需及时、全面、准确地公开立法项目的相关信息，涵盖立法背景、目的、依据及草案内容等，确保公众能充分了解立法动态。同时，立法程序从立项到起草、审查、决定、公布等各环节均应公开透明，接受社会监督，以维护立法过程的公正、公平、公开。参与度方面，立法机关应拓宽渠道，广泛听取公众、专家、学者等各方意见，通过座谈会、论证会、听证会及媒体、网络公开征求意见等方式，确保立法过程充分吸纳各方智慧。这些意见和建议需被认真考虑，并在立法中得以体现，以推动立法更加民主、科学、合理。加强与人大代表、政协委员的联系沟通，发挥其在立法中的作用，以及重视行业协会、社会团体等组织的信息支持，也是提升立法参与度的重要途径。通过提升立法过程的透明度与参与度，不仅能增强公众对立法工作的理解和支持，还能有效提升立法质量，确保法律法规更加贴近社会实际和公众需求，为构建法治政府、推动社会进步奠定坚实基础。

（三）加强立法审查与监督力度

加强立法审查与监督力度，是确保行政法规与规章制定合法、规范、有效的关键。立法审查应严格把关，确保项目合法性、合理性、协调性及可操作性，同时注重程序规范性，保障立法过程公开透明。立法监督则需建立多元监督主体体系，涵盖人大、政府、司法机关、社会组织及公众，对立法权力行使进行全方位监督，防止滥用。审查机制应健全，对立法项目细致审查，确保质量。监督网络需立体化，覆盖立法全过程，对问题及时处理，违法违规严肃追责。同时，加强信息化建设，利用现代信息技术提高审查与监督效率，建立信息共享平台，增强立法透明度，利用大数据分析进行风险评估，为立法审查与监督提供科学支持。通过这些措施，确保行政法规与规章制定程序的合法、规范、有效，推动法治政府建设。

第三节　行政权力清单与责任清单制度

行政权力清单与责任清单制度是深化行政体制改革、推进依法行政的重要举措，对于明确政府权力边界、强化政府责任、促进政府职能转变具有重要意义。本节将深入探讨行政权力清单与责任清单制度的内涵、实施情况及其在依法行政中的作用，以期为进一步完善该制度提供理论参考和实践指导。

一、行政权力清单与责任清单制度概述

（一）制度背景与意义

1. 制度背景

行政权力清单与责任清单制度的提出，是深化行政体制改革、推进依法行政的必然产物。随着我国经济社会的快速发展，政府职能逐渐从管理型向服务型转变，传统的行政管理方式已难以满足现代社会的需求。在此背景下，为了进一步明确政府权力边界，规范政府行为，提高行政效率，增强政府公信力，行政权力清单与责任清单制度应运而生。

2. 制度意义

行政权力清单与责任清单制度的实施，具有深远的意义。它明确了政府权

力的边界，通过详细列明政府及其部门的各项行政权力，有效防止了权力滥用和越权行为，确保了政府行为的合法性和规范性。责任清单的制定强化了政府责任落实，明确了政府及其部门在行使权力过程中应承担的责任，使权力与责任相匹配，增强了政府的责任感和使命感。该制度还有力地推动了依法行政的进程，确保政府行为在法律框架内进行，维护了法律的权威性和严肃性。通过明确权力和责任，减少了行政过程中的推诿扯皮现象，提升了行政效率和服务水平，使政府工作更加高效、透明。更为重要的是，制度的公开透明增强了公众对政府行为的信任和支持，提升了政府的公信力和形象。公众能清晰地了解政府的权力范围和职责所在，从而更好地监督政府行为，促进政府与民众之间的良性互动。

（二）制度定义与内涵

1. 行政权力清单制度

行政权力清单制度是指将各级政府及其所属工作部门掌握的各项公共权力进行全面统计，并以清单的形式公之于众的制度。它明确了政府及其部门可以行使哪些权力，以及这些权力的来源、运行流程等关键信息。行政权力清单制度的核心在于"法无授权不可为"，即政府只能行使法律明确授权的权力，超出清单范围的权力行为将被视为违法。

2. 责任清单制度

责任清单制度是与行政权力清单制度相配套的一项制度。它要求政府在建立权力清单的同时，逐一厘清与行政职权相对应的责任事项，明确责任主体，并建立健全问责机制。责任清单制度强调"法定责任必须为"，即政府不仅要明确自己的权力范围，还要对行使这些权力所产生的后果负责。当政府行为违法或不当侵害公民、法人或其他组织的合法权益时，必须依法承担相应的法律责任。

3. 内涵

行政权力清单与责任清单制度的内涵深刻而丰富，它们共同体现了现代法治政府的核心价值。这两项制度共同强调了权力与责任的统一，即政府在拥有权力的同时，必须承担相应的责任，这是现代法治政府的基本要求。这种权责一致的原则，确保了政府行为的合法性和规范性，防止了权力滥用和不当干预。两项制度都高度重视公开透明，要求政府将权力和责任清单公之于众，接受社会监督。这不仅提升了政府工作的透明度，增强了公众对政府的信任，还有效促进了政府与民众之间的沟通与理解，为构建和谐社会奠定了坚实基础。行政权力清单与责任清单制度是推动依法行政的重要工具。通过明确政府的权力和责任，确保政府行为在法律框架内进行，有效防止了权力滥用和不当干预，维护了法律的权威性和严肃性。这两项制度的实施还有助于推动政府职能从管理型向服务型转变。通过明确政府应该做什么、不应该做什么，使政府更加专注于提供公共服务和维护市场秩序，从而更好地满足人民群众的需求和期望。

二、行政权力清单的制定与实施

行政权力清单是规范政府权力运行、推进依法行政的重要工具，其制定与实施对于明确政府权力边界、提升政府治理效能具有重要意义。以下将详细探讨行政权力清单的制定流程、实施情况及面临的挑战与解决策略，以期为进一步完善该制度提供有益参考。

（一）权力清单的制定原则

行政权力清单的制定应遵循一系列原则，以确保其科学性、规范性和有效性。法定原则要求清单制定必须严格依据法律法规，确保每项权力都有明确法律授权，防止权力滥用和越权。全面性原则强调清单应涵盖政府及其部门所行使的所有行政权力，保证权力的完整性和系统性。公开透明原则则要求制定过程公开透明，广泛征求公众意见，并及时公布清单内容，接受社会监督。动态调整原则指出，随着社会经济发展和法律法规修订，清单需建立动态调整机制，确保时效性和准确性。权责一致原则强调在制定清单时明确每项权力的责任事项和责任主体，强化政府责任意识。便民高效原则要求清单内容简洁明了，优化行政权力运行流程，提高政府服务效率和质量。遵循这些原则制定的行政权力清单，将有效规范政府权力运行，推进依法行政，提升政府治理效能。

（二）权力清单的制定程序

行政权力清单的制定程序严谨而系统，确保清单的合法性、规范性和有效性。前期准备阶段，成立专门工作机构，制定详细方案，明确目标、任务、时间表及责任分工。随后进入权力清理，全面梳理政府及部门权力，分类登记形成权力事项库。审核确认阶段，对每项权力进行合法性审查，广泛征求各方意见，根据反馈修改完善。编制清单时，制定统一模板，明确权力名称、类型、依据及责任主体。清单编制完成后，经内部审核、政府批准后公布，接受社会监督。同时，建立动态调整机制，根据法律法规修订和政府职能转变定期评估调整。监督问责方面，健全执行监督机制，对违规行为严肃问责，维护清单严肃性和权威性。这一系列程序为依法行政提供了坚实保障，确保权力清单的科学性和实效性。

（三）权力清单的动态管理

权力清单的动态管理是一个持续且必要的过程，旨在确保清单的时效性、准确性和权威性。它要求政府根据法律法规的修订、政府职能的转变以及社会经济发展的需求，对行政权力清单进行及时调整和更新。具体而言，动态管理包括响应法律法规修订，及时调整权力事项，确保清单与法律法规保持一致；适应政府职能转变，取消、下放或转移不再符合服务型政府要求的行政权力；灵活调整以应对社会经济发展中出现的新业态、新问题，确保政府能有效行使新权力；建立机制收集公众反馈，对权力清单进行监督和调整，增强公众认可度和公信力；定期对清单进行评估和更新，确保其有效性和合理性；以及利用现代信息技术手段，提高动态管理的效率和准确性，实现清单的实时更新和在线查询。通过这些措施，权力清单能与社会发展保持同步，始终是规范政府权力运行、推进依法行政的有效工具。

三、责任清单的制定与实施

责任清单是与行政权力清单相配套的重要制度，其制定与实施对于强化政府责任、推动依法行政、提升政府治理效能具有重要意义。以下将详细探讨责任清单的制定原则、制定程序、实施情况及面临的挑战与应对策略，以期为责任清单制度的完善提供有益参考。

（一）责任清单的制定原则

责任清单的制定应遵循权责一致、法定、全面、公开透明、可操作性和动态调整等原则，以确保其科学性、规范性和有效性。权责一致原则要求明确政府及其他部门在行使行政权力时所应承担的责任，确保权力与责任相匹配，避免权力与责任脱节。法定原则强调责任清单的制定必须严格依据法律法规，确保每项责任都有明确的法律依据，增强清单的法律权威性和约束力。全面性原则要求清单尽可能涵盖政府行使权力过程中可能产生的各种责任，包括法律责任、政治责任、道德责任等，确保政府全面考虑权力行使的后果。公开透明原则要求制定过程公开透明，广泛征求公众意见，并及时公布清单内容，接受社会监督，提高政府公信力。可操作性原则要求清单中的责任明确责任主体、内容、方式和追究机制，确保清单得到有效执行。动态调整原则要求根据社会发展、法律法规修订和政府职能转变及时调整清单内容，确保清单的时效性和准确性。遵循这些原则制定的责任清单，将有效强化政府责任，推动依法行政，提升政府治理效能。

（二）责任清单的制定内容

责任清单的制定内容全面而具体，旨在明确政府及其部门在行使行政权力过程中的责任，推动依法行政，提升政府治理效能。清单需明确责任主体，即具体承担各项责任的政府部门或机构，确保责任到人，避免推诿扯皮。详细列出责任事项，涵盖行政许可、处罚、强制等各个行政权力领域，确保政府责任的全面性。同时，指出每项责任的法律法规、规章或政策依据，增强清单的合法性和权威性。描述责任流程，包括具体步骤、时限和程序要求，确保责任履行的规范性和效率。明确监督方式，通过内部、外部和社会监督等多种途径，确保政府责任得到有效履行。建立问责机制，对未履行或不当履行责任的行为进行问责，强化政府责任意识。规定动态调整机制，确保清单内容与社会发展、法律法规修订和政府职能转变保持同步，保持清单的时效性和准确性。通过这些内容的制定，责任清单能清晰地展示政府责任，为依法行政提供有力保障，推动政府治理体系和治理能力现代化。

（三）责任清单的执行与监督

责任清单的执行与监督是确保其有效落实的核心环节。在执行方面，政府及其部门需严格按照清单要求，认真履行各项责任，明确责任分工，确保每项责任有具体执行主体；制定详细执行计划，包括时间表、路线图等，为责任落实提供明确路径；加强内部协调，促进部门间合作，共同推进责任清单执行；同时，将责任清单执行情况纳入绩效考核，激励政府部门积极履责。在监督方面，需构建多元化监督机制，包括内部监督与外部监督相结合。内部监督通过建立健全审计、监察等机制，定期检查责任清单执行情况，及时发现问题并督促整改；外部监督则鼓励人大、政协、司法机关、社会组织、媒体及公众等参与，形成监督合力。通过公开责任清单，接受社会监督，增强透明度，促进政府行为规范化。建立严格的问责机制，对未履行或不当履行责任的行为依法依规追究责任，确保责任清单的严肃性和权威性。执行与监督的有机结合，是推动责任清单有效落实、提升政府治理效能的关键。通过强化执行与监督，确保政府切实履行职责，增强公众对政府的信任和支持，促进法治政府建设。

四、行政权力清单与责任清单制度的实施效果与改进建议

行政权力清单与责任清单制度的实施，对于规范政府权力运行、强化政府责任、提升政府治理效能等方面产生了积极影响。然而，随着制度的深入实施，也暴露出了一些问题和挑战。通过深入分析行政权力清单与责任清单制度的实施效果，并针对存在的问题提出相应的改进建议，以期为该制度的进一步完善提供有益参考。

（一）实施效果评估

行政权力清单与责任清单制度的实施取得了显著成效，主要体现在规范政府权力运行、强化政府责任、提升政府治理效能及促进依法行政等方面。通过明确政府权力的边界和范围，减少了权力滥用和越权行为，提高了政府行为的合法性和规范性，同时增强了政府行为的透明度。责任清单的制定则明确了政府及其部门在行使权力过程中的责任，增强了政府的责任感和使命感，为追究政府责任提供了明确依据。该制度的实施还推动了政府职能转变，使政府更专注于公共服务和市场秩序维护，通过优化行政流程、简化审批程序等措施，提升了政府治理效能和公众信任度。在依法行政方面，制度实施推动了政府行为法律化，维护了法律权威，同时加强了立法审查和监督问责，提高了法律法规质量和执行力。然而，实施过程中也暴露出理解不深、执行不力、动态调整机制不完善及监督问责机制待强化等问题，需在未来工作中予以关注和解决，以进一步完善和优化该制度。

（二）改进建议

为确保行政权力清单与责任清单制度的有效实施，需采取一系列措施。加强宣传与培训，通过多种渠道提升政府工作人员对制度重要性的认识，并增强

其理解和应用能力。完善动态调整机制，根据法律法规变化和社会需求，及时调整清单内容，确保其时效性和准确性。同时，强化监督问责，构建全方位监督体系，对违规行为严肃处理，形成有效震慑。推进信息化建设，利用现代信息技术提高清单管理的便捷性和透明度，促进跨部门信息共享和业务协同。鼓励公众参与，广泛听取公众意见，增强制度民主性和科学性，提升公众对政府的信任和支持。这些措施共同作用下，将有效提升行政权力清单与责任清单制度的执行力和影响力，推动依法行政深入发展，为构建法治政府、提升政府治理效能奠定坚实基础。通过这些综合施策，可以确保制度的有效实施，促进政府行为的规范化和法治化，更好地服务于经济社会发展大局。

第四节　依法行政的监督机制

依法行政是现代国家治理的基石，其有效实施离不开健全的监督机制。监督机制不仅是确保行政行为合法、公正、透明的重要手段，也是维护公民权益、促进政府廉洁高效的关键保障。本节将深入探讨依法行政的监督机制，从内部监督与外部监督两个维度出发，分析监督机制的定义、重要性、基本原则，以及具体的监督方式和实践路径，旨在构建一个全面、有效的监督体系，为依法行政提供坚实的制度保障。

一、依法行政监督机制的概述

（一）监督机制的定义与重要性

1. 监督机制的定义

依法行政的监督机制是指为确保行政机关及其工作人员在行使行政权力过程中严格遵守法律法规、正确履行职责，而建立的一系列监督措施、程序和制度的总称。这一机制涵盖了从内部监督到外部监督的多个层面，包括行政监察、行政复议、行政审计、人大监督、司法监督、社会监督与舆论监督等多种形式，形成了一个多层次、全方位的监督网络。

2.监督机制的重要性

依法行政监督机制的重要性在于它构建了一个全方位、多层次的监督体系，确保行政机关及其工作人员在行使权力时始终遵循法律法规，维护法律的权威性和严肃性。这一机制不仅保障了行政行为的合法性，防止权力滥用和违法行政，还通过严格的监督促使行政机关提升行政效率和服务质量，减少行政失误和腐败行为，从而满足人民群众日益增长的需求和期望。同时，监督机制在维护公民权益和社会公平正义方面发挥着至关重要的作用，确保行政机关在行使权力时充分尊重和保护公民的合法权益，防止权力对公民权利的侵犯，维护社会的和谐稳定。公开透明的监督机制增强了政府工作的透明度，减少了暗箱操作的空间，促进了政府的廉洁自律，树立了良好的政府形象，增强了公民对政府的信任和支持。因此，依法行政监督机制对于推动国家治理体系和治理能力现代化，构建法治政府，实现社会公平正义具有重要意义。

（二）监督机制的基本原则

依法行政的监督机制在运行过程中，需遵循一系列基本原则，以确保监督工作的公正、有效和合法。这些原则包括：合法性原则，要求监督活动严格依据法律法规进行，确保监督行为合法；客观公正原则，强调监督应客观公正，以事实为依据，以法律为准绳；公开透明原则，要求监督活动公开进行，接受社会监督，保障公民知情权；全面性原则，指监督应全面覆盖行政行为的各个环节；权责统一原则，即监督主体在行使监督权时需承担责任，被监督对象也有权申诉控告；效率原则，强调在保证质量前提下注重效率，优化流程，利用现代信息技术；以及教育与惩处相结合原则，不仅惩处违法行为，还注重教育和引导，增强法治意识。这些原则共同构成了依法行政监督机制的核心，为监督工作的顺利开展提供了坚实的制度基础。

二、内部监督机制

内部监督机制通过行政监察、行政复议、行政审计等手段，对行政机关及其工作人员行为进行自我检查、约束与纠正，确保行政权力合法、公正、高效行使，对提升政府治理效能、维护公民权益、促进依法行政至关重要。

（一）行政监察

行政监察是内部监督机制的重要组成部分，它是指由专门的监察机构对行政机关及其工作人员执行法律法规、履行职责、遵守纪律等情况进行监督检查的活动。行政监察的主要目的是预防、发现和纠正行政机关及其工作人员在履行职责过程中的违法违纪行为，促进依法行政和廉政建设。在行政监察中，监察机构通过日常巡查、专项检查、案件查处等方式，对行政机关及其工作人员的行政行为进行全面监督。监察内容涵盖了行政决策、行政执法、行政管理等多个方面，旨在确保行政行为的合法性、公正性和高效性。同时，行政监察还注重预防和发现腐败问题，通过建立健全的腐败风险防控机制，加强对重点领域和关键环节的监督，防止权力滥用和腐败行为的发生。实践中，行政监察机构通过加强与相关部门的协作配合，形成监督合力，提高监督效能。同时，利用现代信息技术手段，如大数据分析、智能监控等，提升监察工作的精准性和效率。行政监察还注重加强宣传教育，提高行政机关及其工作人员的纪律意识和法治观念，营造良好的依法行政氛围。

（二）行政复议

行政复议是行政机关内部的一种重要层级监督制度，旨在纠正违法或不当的行政行为，保护公民、法人或其他组织的合法权益，监督行政机关依法行使职权。当公民、法人或其他组织认为具体行政行为侵犯其权益时，可依法向上一级行政机关或同级人民政府提出复议申请。复议机关将对原行政行为进行全面审查，涵盖事实认定、法律依据及程序合法性等方面，确保行政行为的合法性和公正性。行政复议不仅为申请人提供了便捷、高效的权利救济途径，避免了繁琐的司法程序，还通过优化复议程序、加强人员培训、推进信息化建设等措施，不断提升复议工作的专业性和公正性。复议机关注重与申请人的沟通联系，充分听取其意见和诉求，确保复议决定的合法性和合理性。通过行政复议制度的有效实施，能有效监督行政机关行为，维护公民合法权益，推动法治政府建设，促进社会和谐稳定。

（三）行政审计

行政审计是内部监督机制中的另一种重要形式，它是指审计机关对行政机关及其工作人员管理国家财政收支和其他财政收支的真实、合法和效益情况进行的审计监督活动。行政审计的主要目的是揭示和反映行政机关在财政财务管理中存在的问题和风险，促进财政资金的合理、有效使用，推动依法行政和廉政建设。

在行政审计中，审计机关通过对行政机关的财务报表、会计凭证、账簿等会计资料进行审查，检查其财政收支的真实性、合法性和效益性。同时，审计机关还关注行政机关在预算编制、执行、调整等方面的合规性，以及政府采购、工程项目管理等重点领域的经济活动情况。通过审计监督，审计机关可以发现和纠正行政机关在财政财务管理中的违法违纪行为，提出改进建议，推动行政机关加强内部控制和风险管理。实践应用中，行政审计机关注重加强与被审计单位的沟通协调，共同分析问题产生的原因，提出切实可行的整改建议。同时，审计机关还积极推动审计结果公开，接受社会监督，增强审计工作的透明度和公信力。行政审计还注重与其他监督机制的衔接配合，形成监督合力，共同推动依法行政和廉政建设。

三、外部监督机制

外部监督机制通过人大、司法、社会及舆论监督等多层次力量，对行政权力进行全面监督，确保行政行为合法公正，是依法行政监督体系的关键，对提升政府治理效能、保障公民权益至关重要。

（一）人大监督

人大监督是指我国权力机关——各级人民代表大会及其常务委员会，对行政机关及其工作人员的行政行为进行的监督。作为国家权力机关，人大拥有最高监督权，其监督具有权威性、全面性和直接性。人大监督的主要形式包括听取和审议政府工作报告、审查和批准预算、决算、对法律法规实施情况进行检查、对特定问题进行调查等。通过这些方式，人大能全面了解行政机关的工作情况，发现存在的问题，并提出改进意见和建议。同时，人大还有权撤销行政机关制定的与宪法、法律相抵触的规范性文件，确保行政行为的合法性。在具体实践过程中，人大监督注重加强与行政机关的沟通联系，定期召开联席会议，就重大事项进行协商讨论，形成监督合力。人大还利用现代信息技术手段，如建立电子政务平台，实现信息共享和在线监督，提高监督效率和透明度。通过这些措施，人大监督在促进依法行政、维护公民权益方面发挥了重要作用。

（二）司法监督

司法监督是指司法机关通过审判活动对行政机关及其工作人员的行政行为进行的监督。司法机关是法律的适用机关，通过审理行政案件，对行政行为的合法性进行审查，并作出具有法律效力的判决或裁定。司法监督的主要形式包括行政诉讼、行政赔偿诉讼等。在行政诉讼中，公民、法人或其他组织认为行政机关的具体行政行为侵犯其合法权益时，可以向人民法院提起诉讼，请求法院对行政行为的合法性进行审查。法院通过审理案件，对行政行为的合法性作出判断，并依法作出判决或裁定，维护公民、法人或其他组织的合法权益。在实践应用中，司法监督注重加强审判能力建设，提高法官的专业素养和审判水平，确保行政案件的公正审理。同时，司法机关还加强与行政机关的沟通协调，通过司法建议等方式，促进行政机关依法行政，提高行政行为的合法性。司法机关还积极推动司法公开，增强审判活动的透明度和公信力，提升司法监督的效能。

（三）社会监督与舆论监督

社会监督与舆论监督是指公民、法人、社会组织以及新闻媒体等社会力量对行政机关及其工作人员的行政行为进行的监督。这种监督具有广泛性、灵活性和及时性等特点，能迅速反映社会舆论和民意，对行政机关形成有效制约。社会监督的主要形式包括信访举报、公民投诉、社会组织监督等。公民和社会组织可以通过信访渠道向有关机关反映问题，提出意见和建议；新闻媒体则通过报道揭露行政机关的违法违纪行为，引起社会关注和舆论压力，促使行政机关及时纠正错误。在应用中，社会监督与舆论监督注重发挥新媒体的作用，利用互联网、社交媒体等平台，拓宽监督渠道，提高监督效率。同时，加强舆论引导，提高公众的法律意识和监督能力，形成全社会共同参与的监督氛围。政府还积极回应社会关切，及时公开处理结果，增强公众对政府的信任和支持。通过这些措施，社会监督与舆论监督在促进依法行政、维护社会公平正义方面发挥了积极作用。

四、监督机制的完善与创新

行政监督是国家监督的重要组成部分，是行政管理过程的重要环节，也是对行政活动进行控制的重要手段。从总体上讲，我国现行的行政监督体制是较为全面和系统的，对维护党的方针、政策和国家的法律、法规的正确贯彻实施起到了重要保障作用。党的十六大报告在讲到深化行政管理体制改革时，强调了要达到"决策、执行、监督相协调"的要求。

（一）加强监督机构建设

加强监督机构建设是完善依法行政监督机制的关键所在，对于提升监督效能、确保行政权力合法行使具有重要意义。应优化监督机构的组织架构，明确职责权限和人员配置，确保监督机构能独立、公正地履行职责。这要求增加监督人员数量，提升其专业素养和业务能力，以应对日益复杂的监督任务。同时，强化监督机构的独立性至关重要，需在人员、经费、管理等方面与被监督对象保持独立，避免利益冲突。建立健全内部管理制度，规范工作流程和决策程序，是保障监督活动公正性和权威性的基础。提升监督机构的技术装备和信息化水平也是重要一环，利用大数据分析、人工智能等现代信息技术，提高监督工作的精准性和效率。建立监督信息共享平台，促进信息互联互通，增强监督合力。加强监督机构间的协调与配合，建立有效沟通机制，共同应对监督工作中的新情况、新问题，形成监督合力，并加强与司法机关、审计机关等其他监督力量的协作，构建全方位、多层次的监督网络。最后，注重监督机构的人员培训和队伍建设，通过定期培训、案例分析、经验交流等方式，提升监督人员的专业素养和业务能力。同时，加强文化建设和职业道德教育，培养一支忠诚干净担当的监督队伍，为依法行政提供坚实保障。通过这一系列举措，可以显著提升依法行政监督机制的效能，推动国家治理体系和治理能力现代化进程[1]。

（二）完善监督制度体系

完善监督制度体系是依法行政监督机制有效运行的关键。需建立健全监督法律法规，明确监督机构职责、程序及方式，确保监督有法可依、与时俱进。

---

[1] 王珍.关于加强监督的几点思考 [J].南昌高专学报，2000，（03）：17-20.

同时，细化监督制度内容，制定详尽的工作流程、标准和考核指标，增强可操作性。加强监督制度间的衔接与协调，促进人大、司法、行政及社会监督等机制协同作战，避免监督盲区。建立评估与反馈机制，定期审视监督效果，及时调整优化。畅通公众反馈渠道，提升监督制度科学性和民主性。强化执行与问责，对违反制度行为严肃处理，维护制度权威。通过这些措施，构建系统完备、科学规范、运行有效的监督制度体系，为依法行政提供坚实保障，推动法治政府建设不断深入。

（三）推动监督信息化与智能化

在信息化与智能化时代背景下，推动监督信息化与智能化对提升依法行政监督效能至关重要。需加快监督信息化建设，建立监督信息平台，实现数据电子化、网络化和集成化。利用云计算、大数据等技术深度挖掘分析监督数据，为监督提供科学依据。推动监督信息共享与开放，增强透明度，促进信息交流。推进监督智能化应用，开发智能监督系统，实现实时监测预警，提高监督预见性和主动性。加强信息化与智能化基础设施建设，提升技术装备水平，保障信息安全。培养信息技术应用能力强的监督队伍，提升专业素养。制定相关政策标准，规范信息化与智能化应用，加强宣传推广，建立评估机制，确保监督工作的科学性和有效性。通过这些措施，显著提升依法行政监督效能，为构建高效、透明、公正的政府治理体系奠定坚实基础。

（四）强化监督结果的运用与问责

强化监督结果的运用与问责是依法行政的关键。监督机构应及时反馈监督结果，明确问题并提出整改建议，建立跟踪问效机制确保整改到位。同时，将监督结果与绩效考核、干部任用挂钩，对存在问题或整改不力的单位和个人进行相应处理，对依法行政表现优秀者给予优先提拔。在问责方面，需依法依规对违法违规行为进行严肃处理，公开通报典型问责案例，形成震慑。加强问责后跟踪管理,确保问题不反弹,并提升相关人员依法行政能力。为激发工作积极性,应建立健全监督问责的激励机制,对依法行政和监督工作中表现突出的单位和个人给予表彰奖励。通过正反激励,形成推动依法行政和监督工作的强大动力,确保监督机制的有效运行,不断提升依法行政水平。

第三章
行政执法规范化建设

　　行政执法是法律实施的重要环节，直接关系到法律的权威性和社会公平正义的实现。为了确保行政执法的公正、高效和透明，必须加强行政执法规范化建设，通过明确执法主体与权限、规范执法程序、强化执法监督等措施，提升行政执法的质量和水平。本章将深入探讨行政执法规范化建设的各个方面，为构建法治政府、推进依法行政提供理论支持和实践指导。

第一节　行政执法主体与权限界定

行政执法是法律实施的具体体现，其有效性和公正性直接关系到法律权威和社会秩序的稳定。而行政执法主体与权限的明确界定，则是确保行政执法活动合法、规范进行的基础。本节将深入探讨行政执法主体的定义、类型，以及行政执法权限的内容、划分原则和行使监督，为行政执法规范化建设奠定坚实基础。

一、行政执法主体的概述

（一）行政执法主体的定义

主体，是指法律关系的参加者。行政执法主体在行政法学中称行政主体，系指依法具有行政职权、能以自己的名义作出行政行为并对该行为的效果独立承担法律责任的组织。行政执法主体具有四个特征：一是行政执法主体是一种组织，而不是个人。尽管国家行政权大多通过公务员来行使，但他们都是以组织的名义实施的，权力主体不能归属于个人。只有组织才能在一定条件下成为行政执法主体。二是行政执法主体依法具有行政职权。只有依法取得国家行政权、具有行政管理职能的组织才能成为行政执法主体。行政机关以外的其他国家机关和一般社会组织（包括社会团体和企事业单位），未经法律、法规授予行政职权的，不能成为行政执法主体。三是行政执法主体能以自己的名义作出行政行为。行政机关的内设机构和受委托执法的组织，由于不具有独立的法律人格，不能以自己的名义对外实施行政管理，因而不是行政执法主体。四是行政执法主体能独立承受行政行为的法律效果，并对行为效果负完全的法律责任。如果其作出的具体行政行为引起行政复议或者行政诉讼，能独立承担行政责任，成为法律上的被申请人或者被告[1]。

---

[1] 什么是行政执法主体 [J]. 黑龙江政报，2001，（06）：44-46.

（二）行政执法主体的类型

行政执法主体呈现出多样化的类型，涵盖了国家行政机关、法律法规授权的组织、行政机关委托的组织、综合行政执法机关以及其他特殊类型的主体。国家行政机关是最主要的行政执法主体，包括各级政府及其职能部门，依法履行各自领域的行政管理和执法职责。而一些特定的组织，如行业协会和事业单位，在法律法规的授权下，也在特定领域内承担行政执法职能。行政机关有时会将部分执法权委托给其他组织行使，这些被委托组织在限定范围内以委托机关名义执法，但法律责任仍由委托机关承担。随着行政执法体制改革的推进，综合行政执法机关应运而生，它们整合了多个部门的执法权，负责跨领域、综合性的执法工作，显著提升了执法效率。同时，在特定领域或情况下，还存在如军事机关、海关等特殊类型的行政执法主体。这些多样化的行政执法主体共同构成了我国行政执法体系，各自在其授权或委托范围内履行职责，确保法律法规的有效实施。

二、行政执法主体的资格与条件

行政执法主体资格与条件的明确界定，对确保执法公正、高效、合法至关重要。需严格规范执法主体资格，提升其专业性，以支撑依法行政，提升执法水平，增强公信力。

（一）执法主体的合法性

执法主体的合法性是行政执法活动不可或缺的基石，它确保了执法行为的权威性和公信力。这要求所有行政执法主体必须严格依照法律、法规的明确规定设立，其成立过程需遵循法定程序，并依法进行登记或备案，任何未经法定程序设立的组织或个人均无权进行行政执法。同时，执法主体应具备明确的法律地位，其角色和定位在法律体系中应清晰无误，以便于公众识别和监督，避免执法混乱和争议。执法权限的法定性同样至关重要，执法主体只能在其被明确授权的领域和事项内行使执法权，不得超越权限范围，以确保执法的合法性和针对性。执法人员的资质合法性也是执法主体合法性的重要组成部分，他们必须通过专门的执法资格考试、接受系统培训并获得执法证件，以确保其具备足够的专业素养和执法能力。在执法过程中，执法主体必须严格遵守法定程序，从立案到调查取证、告知权利、作出决定及送达文书等各个环节均需依法进行，以保障执法活动的公正性和透明度。执法主体还应主动接受来自上级行政机关、司法机关、社会及舆论等多方面的监督，这种全方位、多层次的监督体系有助于及时发现和纠正执法中的问题，防止权力滥用和腐败现象的发生。

（二）执法人员的资格要求

执法人员是行政执法活动的核心力量，其资格要求直接关系到执法活动的公正性、有效性和公信力。执法人员必须具备扎实的法律知识和专业技能，能准确理解和运用法律法规，熟练掌握调查取证、文书制作、沟通协调等执法技能，确保执法活动的专业性和高效性。执法资格认证是执法人员从事执法活动的必备条件，通过严格的执法资格考试，全面评估执法人员的法律知识、执法技能和职业道德，确保其具备胜任执法工作的能力。由于法律法规和执法环境不断变化，执法人员还需接受持续的教育和培训，不断更新知识、提升技能，以适应新的执法需求。这包括参加各类法律讲座、执法技能培训、案例研讨等活动，以及定期接受考核和复训，确保执法人员始终保持较高的专业素养和执法水平。职业道德与纪律也是执法人员资格要求的重要组成部分。执法人员应具备良好的职业道德和纪律观念，能公正、廉洁地执行公务，尊重和保护公民权益，文明执法，避免滥用职权或侵犯公民合法权益的行为发生。同时，执法人员还需具备良好的身心素质，包括健康的体魄、稳定的心理状态和较强的抗压能力，以应对执法工作中的压力和挑战，保持冷静、理智和高效。

三、行政执法权限的界定

界定行政执法权限是确保执法合法有序的关键，明确权限范围、内容和行使方式，防止权力滥用，保障公民权益，维护法律权威。通过深入研究此问题，为规范执法行为、促进依法行政提供理论与实践支持。

（一）行政执法权限的内容

行政执法权限是行政执法主体在法律、法规授权下，对特定事项实施监管、处罚等执法活动的权力范畴。这包括了对行政管理相对人遵守法律法规情况的行政检查权，如现场检查、书面审查等，以确保其依法行事；在特定情境下，为保障公共利益或制止违法行为，执法主体还拥有行政强制权，可依法采取查封、扣押等措施，但必须在法律框架内并遵循法定程序。对于违法行为，执法主体可行使行政处罚权，如罚款、没收违法所得等，以维护法律秩序。同时，执法主体还负责行政许可的审批，颁发许可证或执照，允许相对人从事特定活动。在合法合规的前提下，执法主体可行使行政征收权，对特定资源或财产进行征收，但需遵循法定程序和补偿原则。执法主体还具备行政确认权，对特定事实或法律关系进行认定，并出具法律效力的确认文件。对于因行政管理引发的民事纠纷，执法主体在法定权限内可行使行政裁决权，以解决争议，维护社会秩序。综上所述，行政执法权限涵盖了从检查、强制、处罚到许可、征收、确认、裁决等多个方面，其行使必须严格依法进行，确保执法活动的合法性和公正性。

（二）行政执法权限的划分原则

行政执法权限的划分是确保行政执法活动有序、高效进行的核心环节，应遵循一系列基本原则以确保其合法、合理与高效。法定原则是基础，所有权限的划分必须严格依据法律、法规，确保每项权限均有明确法律授权，防止权力滥用。合理性原则要求权限划分需考虑各执法主体的职能特点和能力,避免重复授权导致执法混乱。效率原则强调通过合理划分权限,减少重复执法和交叉执法,提高执法效率,降低执法成本。同时,权责一致原则确保执法主体在行使权力时承担相应法律责任,实现权责对等。便民原则则关注于简化行政程序,方便行政管理相对人办事,提升服务效率。监督与制约原则通过建立内部监督、外部监督等机制,防止权力滥用,确保执法公正。最后,适应性与灵活性原则要求权限划分需随社会经济发展和法律法规变化而调整,保持其时效性和针对性。

(三)行政执法权限的行使与监督

行政执法权限的行使与监督是确保法律有效实施和权力规范运行的关键。执法主体应依法行使权限,坚持公正、公开、公平原则,保障当事人合法权益,合理行使裁量权,体现执法的合法性与灵活性。内部监督机制通过设立专门机构、定期检查等方式规范执法行为,确保合法性和规范性。外部监督包括人大、司法、社会及舆论监督,增强执法透明度,提升公信力。行政复议与诉讼制度为当事人提供法律救济,促进司法公正。责任追究机制对违法或不当执法行为形成震慑,确保权力正确行使。通过这些措施,共同维护法律权威,保障人民权益,推动依法行政深入发展。

四、行政执法主体与权限界定的实践意义

明确行政执法主体与权限界定,是实践中推动依法行政、保障人民权益、提升治理效能的关键。它规范执法行为,防止权力滥用,促进法治政府建设,提升政府治理能力,维护社会稳定,保障公民权利。

(一)保障行政执法的合法性与权威性

明确行政执法主体与权限界定,是保障行政执法合法性与权威性的核心举

措，对于推进法治政府建设具有重要意义。通过严格界定行政执法主体及其权限范围，可以确保每一项执法行为都有明确的法律依据和授权，有效防止越权执法、滥用职权等违法现象，为行政执法行为提供坚实的合法性基础。当行政执法主体依法行使权力，严格遵循法定程序，公正有效地处理违法行为时，法律的权威性和公信力将得到彰显，进而维护了法律的尊严和有效性。同时，明确的行政执法主体与权限界定还能增强执法主体的公信力，使公众更加信任和支持执法行为，减少执法阻力，提高执法效率。这一举措也是推进法治政府建设的重要基石，通过规范行政执法行为，明确执法主体与权限，才能推动政府及其工作人员依法行政，提升政府治理的法治化水平，构建公正、透明、高效的政府治理体系，为实现国家治理体系和治理能力现代化奠定坚实基础。

（二）促进行政执法的规范化与专业化

明确行政执法主体与权限界定，对于促进行政执法的规范化与专业化至关重要，这不仅是提升执法质量和效率的关键，也是增强执法公信力、推动法治文化建设的重要途径。通过界定执法主体与权限，可以建立一套标准化的执法流程和操作规范，确保执法行为遵循统一标准和程序，减少执法随意性，提升执法规范性和一致性，增强执法透明度和可预测性，便于公众监督。同时，这种界定有助于推动执法队伍的专业化建设，根据执法主体的职能特点和权限范围，开展针对性培训和技能提升，打造高素质、专业化的执法队伍，提高执法效率和精准度。规范化和专业化的行政执法行为，能显著提升执法机关的公信力，使公众对执法活动产生更高的信任度和满意度，为构建和谐社会、维护社会稳定奠定坚实基础。这一过程还促进了法治文化的建设，通过规范、专业的执法行为向公众传递法治精神，增强公民法治意识，激发对法律的尊重和信仰，为法治社会的构建提供文化支撑。因此，明确行政执法主体与权限界定，是推进行政执法规范化、专业化，提升执法质量和公信力，推动法治文化建设的重要举措。

（三）维护社会公共利益与公民权益

通过明确行政执法主体与权限界定，有效规范了执法行为，防止权力滥用，维护了社会公共利益与公民权益。此举不仅打击了危害公共利益的违法行为，保障了公共安全，还保护了公民的基本权利，提供了行政复议、行政诉讼等救济途径。同时，增强了执法活动的公正性和透明度，减少了权力寻租，提升了公众信任，促进了社会公平正义。明确执法主体与权限，不仅彰显了法律权威，增强了法治信仰，还维护了社会稳定，为构建和谐社会环境提供了有力保障。

第二节　行政执法程序的规范化

行政执法程序的规范化是确保行政执法活动公正、高效、透明的重要保障。通过制定和执行统一的执法程序，可以有效约束执法行为，防止权力滥用，保障公民权益。本节将深入探讨行政执法程序规范化的基本原则、具体环节以及面临的挑战与对策，以期为提升行政执法水平、推动依法行政提供有力支持。

一、行政执法程序规范化的基本原则

（一）程序法定原则

程序法定原则是行政执法程序规范化的核心原则，它确保了行政执法活动的合法性和公正性。该原则要求所有行政执法行为必须严格遵循法律、法规或规章中明确规定的程序进行，不得随意变更或省略法定程序步骤。这意味着执法主体在执行职务时，必须遵循立案、调查取证、告知权利、作出决定、送达文书等一系列既定程序，以保障执法过程的规范性和合法性。同时，程序法定原则强调执法程序的公正性和透明度，要求执法主体在执法过程中不偏不倚地对待所有当事人，确保程序的公开和透明，以维护执法公信力。该原则还保障当事人的程序权利，如知情权、陈述申辩权、听证权等，确保当事人在执法过程中得到充分尊重和参与。对于违反法定程序的行政执法行为，程序法定原则明确了其无效性，并规定了相应的法律责任，为当事人提供了行政复议、行政诉讼等法律救济途径。

（二）程序公正原则

程序公正原则是行政执法程序规范化的核心要素，它要求行政执法活动在程序上必须体现公平、公正，以保障当事人的合法权益。这一原则强调执法主体在执法过程中保持中立，避免个人情感、利益等因素干扰执法决策，确保所有当事人受到公正对待。同时，程序公正原则注重保障当事人的参与权，包括知情权、陈述申辩权等，确保当事人在执法过程中有充分的机会表达意见和提供证据。执法程序的公开透明也是程序公正原则的重要体现，要求执法主体及时公开执法信息，接受社会监督，防止暗箱操作，增强执法公信力。程序公正原则还强调执法程序的及时性和有效性，确保执法活动高效有序进行，避免拖延导致当事人权益受损。最后，为当事人提供有效的法律救济途径，如行政复议、行政诉讼等，是程序公正原则不可或缺的一部分，确保当事人在对执法决定不服时能寻求法律救济，维护自身合法权益。

（三）程序效率原则

程序效率原则是行政执法程序规范化的重要基石，它强调在保障执法公正性的同时，追求执法活动的高效运行。简化程序流程，剔除繁琐、重复环节，利用现代信息技术如电子政务平台，推动线上办理，减少线下跑动，显著提升执法效率。设定明确的时限要求，确保执法活动在合理时间内完成，避免拖延和积压，保障执法及时性。同时，优化资源配置，促进执法主体间紧密协作，形成合力，共同提升执法效能。强化信息技术应用，通过大数据、人工智能等手段，提升执法智能化水平，实现信息快速传递和处理，确保执法活动规范合法。建立快速响应机制，针对紧急或重大任务，能迅速集结力量、高效处置，提高执法效率，最大限度减少损失。

二、行政执法程序规范化的具体环节

行政执法程序规范化涵盖立案、调查取证、告知申辩、听证及决定执行等关键环节，确保执法合法、公正、高效，提升行政执法水平。

（一）立案与调查取证

立案与调查取证是行政执法程序规范化的基础环节，对于确保执法活动的合法性和有效性至关重要。立案是执法活动的起点，要求执法主体通过举报、投诉、巡查等方式接收案件线索，并进行初步审查，判断是否符合立案条件。一旦符合立案条件，执法主体需作出立案决定，并及时通知当事人，明确其权利与义务。随后进入调查取证阶段，这是认定案件事实和作出处理决定的关键。执法主体需根据案件性质制定详细的调查方案，通过询问、查阅、勘查等多种方式全面、客观地收集证据，确保证据的合法性、真实性和关联性。同时，制作调查笔录并签字确认，对可能灭失或难以取得的证据采取保全措施。整个过程中，执法主体需严格遵守法定程序，保障当事人合法权益，确保立案与调查取证的公正、透明和高效，为后续执法活动奠定坚实基础。

（二）告知与陈述申辩

告知与陈述申辩环节在行政执法程序中占据核心地位，是保障当事人权益、促进执法公正透明的重要机制。在告知阶段，执法主体需在作出对当事人不利决定前，详细阐述决定的事实、理由、法律依据及当事人享有的权利，如陈述申辩权、听证权等，并明确告知决定内容及履行期限，确保当事人充分知情。随后进入陈述申辩阶段，当事人有权对决定提出异议，提供证据支持自身观点，甚至要求举行听证会进行公开辩论。执法主体应认真听取当事人意见，审查其异议和证据，并在最终决定中充分考虑，以体现执法的公正性和透明度。这一过程不仅维护了当事人的合法权益，也增强了执法决定的合法性和可接受性，为构建和谐执法关系、提升执法公信力奠定了坚实基础。

（三）听证程序

听证程序是行政执法中的关键环节，为当事人提供公开对话平台，增强执法透明度和公正性。听证前，执法主体需发出通知，明确听证详情。听证准备中，当事人和执法主体均需准备充分证据和法律依据。听证会由听证员主持，当事人可陈述意见、提供证据并质证，听证员公正记录。听证结束后，听证员制作报告并提出处理意见，执法主体在决策时需充分考虑听证意见，确保决定合法合理。此程序不仅提升执法透明度，还促进双方沟通理解，为构建和谐社会、维护法治秩序提供有力保障。

（四）决定与执行

决定与执行是行政执法程序的终结环节，它们不仅承载着将法律原则转化为具体行动的重任，也是保障执法公正与效率的关键。决定阶段，执法主体需在充分调查取证、听取陈述申辩、必要时组织听证后，依据法律、法规作出明确、合理的处理意见，确保决定既合法又公正。这一决定需明确处理结果、履行期限及救济途径，为当事人提供清晰指引。进入执行阶段，执法主体则负责将决定付诸实践，确保法律效果与社会效果的统一。执行过程中，执法主体应遵循及时、强制、监督与救济并重原则，既要迅速行动避免拖延，也要在必要时采取强制措施确保决定落实，同时加强监督，为当事人提供行政复议、行政诉讼等救济途径，维护其合法权益。在整个决定与执行过程中，执法主体需强化与当事人的沟通，充分听取意见，确保执法活动的合法性与合理性。同时，加强内外部监督，确保执法公开透明，提升执法公信力和社会满意度。通过严谨的决定与高效的执行，行政执法程序得以圆满闭环，法律权威得以彰显，社会公平正义得以维护。

三、行政执法程序规范化的挑战与对策

行政执法程序规范化面临法律制度不完善、执法环境复杂、技术手段落后及人员素质参差不齐等挑战。为应对这些挑战，需完善法律法规、优化执法环境、加强信息化建设、提升执法人员素质，以推动行政执法程序进一步规范化。

（一）法律法规不健全的挑战

在推进行政执法程序规范化的过程中，法律法规的不健全构成了显著的挑战。随着社会的快速变迁和新兴领域的崛起，现有法律法规难以全面覆盖所有执法需求，导致法律空白和滞后现象频发，影响执法有效性和公正性。同时，不同法律法规间的冲突与不协调，给执法主体带来困惑，增加了执法复杂性，损害了法律权威。部分法律法规在程序规定上缺乏明确性和细化标准，使得执法操作存在随意性和不一致性，影响了执法公正和效率。法律法规修订的不及时，使得一些过时条款难以适应社会发展，存在漏洞和问题，可能对公民权益造成侵害。为应对这些挑战，需加强立法工作，确保法律法规的科学性和合理性，及时修订和完善过时条款，填补法律空白，解决法律冲突。同时，应明确程序规定，提供具体操作指南和细化标准，增强法律的可执行性和可操作性。加强法律法规的宣传和普及，提高公众法律意识和法治素养，也是推动行政执法程序规范化的重要途径。通过这些措施，逐步建立健全的法律法规体系，为行政执法程序规范化提供坚实的法律保障。

（二）执法人员素质参差不齐的挑战

行政执法人员素质的参差不齐是行政执法程序规范化过程中的重要挑战。

部分执法人员法律知识不足、执法技能欠缺，可能导致法律适用错误和程序不当，影响执法公正性和效率。同时，职业道德意识淡薄、滥用职权等问题也时有发生，损害执法机关公信力和形象。为应对这些挑战，需采取综合措施：加强执法培训，提升法律素养和执法技能；强化职业道德教育，引导树立正确执法理念；建立健全考核机制，将执法素质纳入考核范围；加强执法监督和管理，严肃处理违法违纪行为。通过这些措施，逐步提升执法人员整体素质，确保他们依法、规范、文明执法，为推进行政执法程序规范化提供坚实的人才保障。这不仅能提升执法效能，还能增强公众对执法机关的信任和支持，促进法治社会建设。

（三）执法监督不力的挑战

执法监督不力是当前行政执法程序规范化面临的重要挑战，主要体现在监督体系不完善、监督力度不足、监督结果运用不充分以及监督信息不透明等方面。监督体系的不完善导致监督主体不明确、职责不清晰，内部监督缺乏独立性，外部监督渠道不畅。监督力度不足则表现为监督频率低、范围窄、深度不够，难以发现并及时纠正违法或不当执法行为。同时，即使发现问题，由于缺乏有效的问责和激励机制，监督结果往往难以得到充分运用，问题反复出现。监督信息的不透明使得公众难以了解执法情况和监督结果，无法有效参与监督，也影响了监督机构间的沟通与协作。为应对这些挑战，需采取综合措施：完善监督体系，明确监督主体与职责，拓宽监督渠道，增强监督独立性与权威性；加大监督力度，提高监督频率与深度，确保执法活动全面受监；建立健全问责与激励机制，确保监督结果得到有效运用，严肃处理违法或不当行为；提高监督信息透明度，及时公开执法与监督情况，接受社会监督，增强监督公信力。通过这些措施，可有效提升执法监督效能，为行政执法程序规范化提供坚实保障。

（四）信息化建设滞后的挑战

信息化建设滞后是行政执法程序规范化的一大挑战，表现为信息系统不统一、数据孤岛、应用水平低、信息安全风险及投入不足等问题。这阻碍了跨部门协同执法、数据整合利用及高级分析决策。为应对挑战，需加强顶层设计，制定统一规划和标准，确保系统互联互通；加大资金投入，支持信息化建设；提升技术应用，引入大数据、AI 等技术增强决策支持；强化信息安全保障，建立管理体系；培养专业人才，加强技术团队建设。通过这些措施，推进执法程序规范化、高效化、智能化，提升执法效能和公信力，确保依法行政顺利实施。

第三节　行政执法证据的收集与运用

行政执法证据的收集与运用是行政执法程序中的关键环节，它不仅直接关系到案件事实的认定和执法决定的公正性，也是保障当事人合法权益、维护法律权威的重要保障。本节将深入探讨行政执法证据的收集原则、方法、注意事项，以及证据在执法决定中的运用，以期为行政执法实践提供指导和借鉴。

一、行政执法证据的收集

（一）证据收集的主体与权限

在行政执法过程中，证据的收集是确保执法决定合法、公正、准确的关键环节，而明确证据收集的主体与权限则是这一环节的基础。行政执法机关是证据收集的主要责任主体，有权依据法律规定在执法过程中收集、固定和保存相关证据。同时，在特定情况下，行政执法机关也可委托其他组织或个人协助收集证据，但委托行为需明确权限范围，且行为后果由委托机关承担。在证据收集过程中，必须严格遵守法定权限，确保所有收集活动均在法律授权的范围内进行，不得超越执法机关的法定职权。证据收集还需遵循法定程序，确保收集过程的合法性和规范性，避免非法取证行为的发生。同时，应充分尊重和保护当事人的合法权益，如隐私权、商业秘密等，避免在收集证据过程中对当事人造成不必要的侵害或干扰。通过明确证据收集的主体与权限，可以规范执法行为，保障当事人权益，为行政执法活动的合法、公正、准确提供有力支撑。

（二）证据收集的方法与技巧

在行政执法过程中，证据的收集是确保执法决定合法、公正、准确的核心环节。为此，执法主体需掌握并灵活运用多种证据收集方法和技巧，以提高证据收集的效率与质量。现场勘查是首要步骤，通过及时记录现场情况，固定关键证据，为后续调查奠定基础。询问当事人和证人则是获取直接证据的重要途径，需详细记录询问内容，确保信息准确无误。同时，根据案件需求，执法主体可依法调取书证、物证等实物证据，并注重证据的来源合法性和真实性。对于技术性证据，应委托专业机构进行鉴定与检验，确保证据的科学性和权威性。随着信息技术的发展，电子数据收集日益重要，执法主体需掌握相关技术手段，确保电子数据的完整性和真实性。

在证据收集过程中，执法主体还需注意技巧的运用。要及时收集证据，避免错过最佳时机导致证据灭失。要全面收集证据，确保证据链条的完整性和连贯性，避免遗漏关键信息。同时，必须合法收集证据，严格遵守法律规定，杜绝非法取证行为。对于涉及敏感信息的证据，应采取保密措施，保护当事人隐私和商业秘密。加强与其他部门、单位的协作与配合，形成证据收集合力，提高工作效率。通过这些方法和技巧的综合运用，执法主体能有效提升证据收集能力，为公正、准确的执法决定提供坚实支撑。

（三）证据收集的注意事项

在行政执法过程中，证据收集是一项至关重要的任务，它要求执法主体必须严格遵守一系列注意事项，以确保所收集证据的合法性、真实性和有效性。证据收集必须遵循法定程序，从立案到证据固定、保存，每一步都需符合法律法规的要求，确保操作过程的规范性和合法性。收集的证据必须真实可靠，能客观反映案件事实，避免任何形式的伪造、篡改或歪曲，以维护证据的原始性和完整性。同时，执法主体在收集证据时，应充分尊重和保护当事人的合法权益，如隐私权、商业秘密等，不得采取非法手段获取证据，以免对当事人造成不必要的侵害。证据收集应全面、客观，不得遗漏任何关键证据，执法主体需从多个角度、多个方面入手，确保证据链条的完整性和连贯性。对于易失性证据，如现场痕迹、电子数据等，应及时采取固定措施，防止证据灭失或毁损，必要时可借助专业技术和设备。同时，应明确证据的来源和渠道，确保证据的合法性和可信度，对于从第三方获取的证据，需核实其真实性和准确性。收集到的证据应妥善保管，防止丢失、损坏或被篡改，建立专门的证据保管制度，明确保管责任人和保管要求。最后，执法主体在收集证据的同时，还应注重对证据的分析和解读，运用专业知识和技能进行综合分析，以揭示案件事实真相，为行政执法提供有力支持。通过严格遵守这些注意事项，执法主体能确保证据收集工作的顺利进行，为公正、准确的执法决定奠定坚实基础。

二、行政执法证据的运用

行政执法证据的收集固然重要，但正确、有效地运用这些证据，将其转化为执法决定的有力支撑，同样是行政执法过程中的关键环节。证据的恰当运用不仅能确保执法决定的合法性和合理性，还能提升执法效率，增强公众对执法活动的信任度。本节将深入探讨行政执法证据的运用原则、方法及其在实践中的应用，以期为行政执法工作提供更为精准、高效的指导。

（一）证据的审查与判断

在行政执法过程中，对收集到的证据进行审查与判断是确保执法决定准确、公正的关键步骤。这一过程不仅涉及对证据真实性、合法性、关联性的综合评估，还需对证据之间的矛盾与一致性进行深入分析。真实性审查要求确认证据内容确实存在且未经篡改，这通常需对证据来源的可靠性及证据本身的物理或数字特征进行验证。合法性审查则关注证据收集过程是否符合法律规定，确保证据收集主体、程序、手段的合法性，非法手段获取的证据即便内容真实也可能被排除。关联性审查旨在判断证据与待证事实之间的逻辑联系，只有直接关联案件事实的证据方为有效。在多个证据并存时，还需进行矛盾与一致性分析，排除虚假证据或误解，综合评估一致证据的证明力。行政执法往往涉及多种类型证据，如书证、物证、证人证言等，需综合运用这些证据，形成完整证据链，以增强执法决定的说服力和准确性。通过这一系列严谨的审查与判断过程，执法主体能确保所依据的证据真实、合法、关联，从而作出公正、合理的执法决定。

（二）证据的分类与整理

在行政执法过程中，对收集到的证据进行分类与整理是一项至关重要的工作，它不仅关乎证据管理的有序性和高效性，更是确保执法决定准确、公正的基础。证据的分类通常依据其性质、形式和来源进行，如物证、书证、证人证言等按性质分类，原件、复印件等按形式分类，以及现场勘查证据、当事人提供证据等按来源分类。这种分类有助于明确证据的特点和来源，为后续的分析和运用提供便利。证据的整理则是对分类后的证据进行系统化、条理化的管理。对每份证据进行编号与归档，建立档案系统，确保证据的可追溯性和完整性。制作详细的证据清单，列出证据的名称、编号、来源、收集时间等信息，便于查阅和管理。对证据进行深入分析和归纳，提炼关键证据和证据链，同时标注证据之间的矛盾和疑点，为后续核实提供依据。最后，在执法决定作出前，对证据进行展示和说明，确保执法主体和当事人对证据有充分的认识和理解，增强执法决定的透明度和说服力。通过严谨的证据分类与整理工作，执法主体能更有效地管理证据，为执法决定提供清晰、有条理的证据支持，确保执法活动的规范性和公正性，提升公众对执法决定的信任度。

（三）证据在执法决定中的运用

在行政执法过程中，证据的运用是执法决定合法性与合理性的基石。它不仅是执法主体认定案件事实、作出执法决定的直接依据，更是确保执法决定符合法律法规要求、经得起行政复议与诉讼检验的关键。证据是事实认定的基础，通过审查和分析，执法主体能确认案件的真实情况，为执法决定提供坚实的支撑。同时，证据的充分展示和运用，能有力证明执法决定的法律依据和事实基础，增强其合法性和说服力。在行政处罚等执法决定中，证据的充分性和证明力直接决定了处罚措施的轻重，确保处罚与违法行为相匹配，体现了执法的公正性。面对行政复议与诉讼的挑战，执法主体需凭借充分的证据来维护执法决定的合法性和有效性，确保执法权威不受损害。公开、透明地运用证据，不仅促进了执法决定的公正性和透明度，还增强了公众对执法活动的信任感，有助于构建和谐的执法环境，维护社会稳定和法治秩序。因此，在行政执法中，科学、合理地运用证据，是确保执法决定合法、公正、有效的核心所在。

第四节　行政执法责任制的实施与评估

行政执法责任制是规范行政执法行为、强化行政执法责任的重要制度。其有效实施不仅能提升行政执法效率和质量，还能确保执法行为的合法性和公正性。然而，要确保行政执法责任制发挥实效，还需对其进行全面、系统的实施与评估。本节将深入探讨行政执法责任制的实施策略与评估方法，以期为完善行政执法责任制、提升行政执法水平提供有益参考。

一、行政执法责任制概述

（一）定义与目的

行政执法责任制因来源于实践，目前对它的基本概念还缺乏一个统一的界定。从现存的有关理论研究和地方规章的规定中，可以归纳为以下几种主要的观点：即"监督制度说""执法制度说""工作制度说"和"管理制度说"，分别从不同角度来界定行政执法责任制的内涵。"监督制度说"认为：行政执法责任制是行政机关为了依法行政而建立的执法监督制约机制。这种观点强调职权、职责和程序的法定化，并以执法人员的过错为归责原则，执法效果为行政执法责任的考核基础。"执法制度说"认为：对各级政府来讲，行政执法责任制是指把国家现行法律、法规、规章所设定的法律责任，按法定职责分解落实到各执法部门，并明确相应的执法权限和责任，健全监督制约机制，加强考评奖惩的行政执法制度。"工作制度说"认为：行政执法责任制是一种将行政执法和行政执法监督有机结合起来的工作机制。"新管理制度说"认为，行政执法责任制是政府行政管理制度的创新，是一种将行政执法与行政执法监督有机结合的有效管理方式。

如何界定行政执法责任制，这是进行行政执法责任制研究的前提和基础，关系整个行政执法责任制的体系构建。对此，必须给出一个明晰、严谨、准确的定义。人们认为，从内在的逻辑关系分析，要想给行政执法责任制下一个科学的定义，必须从"责任""行政执法"和"行政执法责任"等概念入手。

"责任"一词，在《现代汉语词典》中有两层含义：一是份内应做的事，应尽的职责或义务，如"市长责任""举证责任""监督责任"等。二是没有做好份内的事，没有履行应该履行的义务和职责，而应承担相应的某种否定性后果，如"追究行政责任""承担刑事责任"等。

"行政执法"，又叫行政执法行为或行政行为，是"享有行政权能的组织或个人运用行政权对行政相对人所作的法律行为"。"行政执法责任"，也应有两层含义：一是指行政执法主体及其行政执法人员在行政执法活动中应尽的职责或义务；二是行政执法主体及行政执法人员因违反行政法律规范而依法应承担的否定性法律后果。所以，行政执法责任，就是指行政执法主体及其行政执法人员在行政执法活动中，因不履行法定职责或非法履行职责而应当承担的法律后果。所谓行政执法责任制，是指国家行政机关，为了规范行政执法行为，提高行政执法水平，依法对各级行政执法主体及其执法人员的职权、职责的范围和程序予以明确、分解，对其执法情况进行量化考评，并对考评后果进行责任追究的一系列制度的总称。总体上说，应该由以下三部分组成，即事先的执法职权、执法责任分解确立设定制度；事中的执法评议考核制度和事后的执法责任追究制度。

其基本含义应包括以下几个方面：一是，行政执法责任制的主体，是行使行政职权和履行行政职责具有行政执法权的行政执法主体，包括监督主体、权力行使主体和直接责任承担主体，即政府及其法制部门为监督主体，各执法组织、执法机关为行政执法权力行使主体，各执法人员为直接责任承担主体。二是行政执法责任制的目标，是落实分解法律、法规、规章关于行政执法职权和职责的规定，强调职权法定、落实责任，使职权和职责达到统一。三是行政执法责任制的性质是对行政权的监督和制约[1]。

（二）基本原则

党的十五大在总结新中国成立以来特别是改革开放以来民主法制建设经验的基础上，适应建设中国特色社会主义事业的客观要求，适时提出"依法治

---

[1] 郑传坤，青维富 . 行政执法责任制理论与实践及对策研究 [M]. 北京：中国法制出版社，2003：7.

国，建设社会主义法治国家"，并在报告中明确指出"一切政府机关都必须依法行政，切实保障公民权利，实行执法责任制和评议考核制"；九届全国人大二次会议将依法治国这一治国方略写入宪法；党的十六大提出把依法治国作为"党领导人民治理国家的基本方略"。由此可见，建立执法责任制，保障依法行政无疑成为新时期的一项重要任务。但是，在开展的依法行政过程中，在抓行政执法责任制时，对什么是行政执法责任制还不十分清晰，影响执法责任制工作的开展。为此，有必要对有关行政执法责任制的发展历程、内涵、原则及具体操作模式进行研究探讨，以寻找发展的动力。行政执法责任制的基本原则包括：合法性原则，确保执法行为依法进行；权责统一原则，执法主体需承担相应法律责任；公开公正原则，提升执法透明度；高效便民原则，优化流程提供便捷服务；监督与制约原则，防止权力滥用；持续改进原则，适应社会发展优化制度。这些原则共同保障行政执法责任制的有效实施，推动执法规范化与法治化，提升政府公信力和治理效能[1]。

二、行政执法责任制的实施

行政执法责任制的实施是确保制度落地见效的关键，要求执法主体和人员严格履职，并建立监督机制保障执行。下面探讨其实施策略、措施及挑战对策，旨在提升执法水平，促进依法行政。

（一）责任主体的确定

在行政执法责任制的实施过程中，明确责任主体是确保制度有效运行的首要环节。责任主体的确定应遵循法定原则，严格依据法律法规明确哪些机关、组织或个人具有行政执法权，并作为执法责任主体，确保其在行使权力时承担相应法律责任。同时，责任主体的确定应具有明确性，避免模糊和歧义，

---

[1] 张传辉，赵丽霞 . 浅论行政执法责任制 [J]. 行政论坛，2005，（03）：56-58.

确保在出现问题时能迅速找到责任归属。责任主体的确定还需全面覆盖所有行政执法活动，无论中央还是地方、政府还是授权组织，只要涉及执法均应明确其责任主体地位。随着法律法规修订和行政机构调整，责任主体应动态调整以适应变化。在确定责任主体时，还需确保权责匹配，明确协作关系，并加强对责任主体的培训和监督，提升其执法能力和责任意识。通过这些措施，能确保行政执法责任制的责任主体明确、权责清晰，为制度的有效实施奠定坚实基础。

（二）责任制度的建立

责任制度的建立是行政执法责任制有效实施的基石。它要求制定详尽的责任清单，明确各级执法主体和执法人员的具体职责，确保每项执法活动责任到人。同时，构建严格的责任追究机制，对违法或不当执法行为进行依法依规的追责，包括行政处分、经济处罚乃至刑事追责，以形成有效震慑。责任制度还需强调执法过程的记录与留痕，确保可追溯性，便于责任追究和争议解决。将执法责任履行情况纳入绩效考核，结合激励机制，对表现突出者给予奖励，激发执法人员积极性。加强执法人员培训教育，提升其法律素养、业务能力和责任意识，确保执法规范有效。最后，引入社会监督和公众参与，通过公开执法信息、接受举报等方式，增强透明度，接受社会监督，构建全社会共同参与的执法责任监督网络。这些措施共同构成了责任制度的核心内容，为行政执法责任制的顺利实施提供了有力保障。

（三）责任落实与监督

责任落实与监督是行政执法责任制的核心。需明确责任分工，细化职责到人，通过教育培训强化责任意识，将责任与绩效、晋升挂钩，形成激励约束。加强内部监督，建立实时和定期检查机制，引入外部监督，利用现代信息技术提升监督精准性。对未履行或不当履行职责者，依法追究责任，严肃处理违法违纪行为。这些措施旨在推动行政执法责任制有效实施，提升执法规范性，促进依法行政，确保执法活动在法治轨道上运行，提升政府公信力和治理效能。

三、行政执法责任制的评估

行政执法责任制评估是确保制度实施效果的关键，通过构建评估指标体系、明确评估方法与流程，并应用评估结果，为制度优化提供支持，促进执法活动规范性和公正性，推动依法行政深入发展。

（一）评估指标体系构建

评估指标体系是行政执法责任制评估工作的基石，其构建需遵循全面性、科学性、可操作性和动态性原则，以确保评估结果的准确性和科学性。该体系应全面覆盖行政执法责任制的各个方面，包括责任主体、责任内容、责任履行、责任追究、监督与考核以及社会满意度等关键要素。责任主体明确性要求评估责任分工是否清晰，是否存在责任推诿；责任内容完整性则关注责任清单是否全面覆盖所有行政执法事项，内容是否具体明确。责任履行情况评估执法主体和人员是否按责任清单履职，执法行为是否规范公正。责任追究机制有效性考量其是否健全，能否依法依规追责。监督与考核力度则评价内外部监督是否到位，绩效考核机制是否有效形成激励约束。社会满意度是重要指标，反映公众对执法活动的评价，涵盖执法透明度、公正性、效率等方面。通过这一全面、科学的评估指标体系，能客观准确地反映行政执法责任制的实施情况，为制度优化和完善提供有力支撑。

（二）评估方法与流程

为了确保行政执法责任制的评估工作更加系统、规范，以下将详细介绍评估方法与流程的具体步骤，并通过表格形式清晰呈现，以便更好地指导实际操作和结果分析（见表1）。

表 1 评估方法与流程

评估阶段	具体内容
评估方法	1. 定量分析与定性分析相结合。 2. 访谈、问卷调查等手段收集主观评价。 3. 运用比较分析法对比不同情况。 4. 案例研究法提炼经验教训。
评估流程	1. 明确评估目的、范围和对象。 2. 组建评估团队并制定评估方案。 3. 收集相关数据和信息（执法案件记录、责任追究记录等）。 4. 开展访谈、问卷调查等定性研究工作。 5. 整理分析数据和信息，评估实施效果并发现问题。 6. 撰写评估报告，总结评估结果并提出改进建议。 7. 将评估结果及时反馈给相关部门和人员，推动问题整改和制度完善。 8. 将评估结果应用于行政执法责任制的持续优化中。

（三）评估结果的应用与反馈

评估结果的应用与反馈是行政执法责任制评估工作的核心环节，对于推动制度优化、提升执法效能具有重要意义。评估结果的应用方面，需根据评估发现的问题和不足，深入分析并提出针对性地改进建议，推动行政执法责任制的持续优化和完善。这包括修订责任清单、强化责任追究机制、加大监督与考核力度等措施。同时，评估结果还能为相关政策的制定提供科学依据，确保政策的针对性和有效性。根据评估结果合理调配执法资源，提升执法效率和效果，并针对执法人员能力短板制定培训和教育计划，提升其法律素养、业务能力和责任意识。在反馈机制方面，评估结果应及时反馈给执法机关内部，促进责任主体和执法人员的自我提升和整改。同时，评估结果应向公众公开，接受社会监督，增强执法工作的透明度和公信力。最终，评估结果的应用与反馈应形成一个持续改进的循环，不断调整和优化行政执法责任制，确保其适应社会发展的需要，提升执法效能和公众满意度，为构建法治政府、促进社会和谐稳定贡献力量。

第四章

行政决策的科学化与民主化

行政决策是政府管理活动的核心环节，其质量与效率直接关系到政府治理效能和社会公共利益。随着社会的快速发展和公众参与意识的增强，传统的行政决策模式已难以满足现代治理的需求。因此，推动行政决策的科学化与民主化，成为提升政府决策水平、增强决策合法性和公众接受度的关键所在。本章将深入探讨行政决策的科学化提升策略、民主化推进路径，以及科学决策支持系统的构建，旨在为构建更加开放、透明、高效的行政决策体系提供理论支撑和实践指导。

第一节　行政决策体系与流程优化

行政决策是政府管理活动的关键环节，其质量和效率直接影响到政府治理效能和社会公共利益。随着社会的发展和治理理念的革新，传统的行政决策体系与流程已逐渐显露出不适应性。为了提升行政决策的科学性、民主性和效率，优化行政决策体系与流程显得尤为重要。本节将深入探讨行政决策体系的现状与问题，分析流程优化的必要性与紧迫性，并提出具体的优化策略，以期为构建更加高效、透明、科学的行政决策体系提供有益参考。

一、行政决策体系概述

（一）行政决策的定义与核心要素

行政决策是国家行政机关及法律法规授权组织为实现政府职能、管理公共事务、达成预定行政目标而依法进行的复杂过程。这一过程涉及多个核心要素：决策目标是逻辑起点，需明确具体，例如，在应对突发公共卫生事件时，决策目标可能包括迅速控制疫情传播、保障公众健康安全、恢复社会秩序等。决策手段是实现目标的具体方式，要求与目标相匹配，同时考虑成本最低化和利益最大化，确保政策的有效实施且损害最小化。责任机制则涵盖自律、监督与追究，通过构建决策责任框架，明确决策主体在决策过程中的责任与义务，提升决策的科学性和公信力。行政行为的构成要素包括主体、权力与责任、结果。其中，权力不再是当然要素，而是需依法行使；意思表示虽为合法要件，却非成立要件。决策程序是行政决策的关键环节，强调信息搜集的全面性、公开性，公民参与的广泛性，以及论证制度的严谨性，以提升决策的法治化水平。这些要素共同构成了行政决策的全面框架，确保其有效、合法且符合公共利益，为政府科学决策、民主决策、依法决策提供了坚实的理论基础和实践指导。

（二）行政决策体系的结构与功能

行政决策体系由决策中枢、咨询、信息和监督四大系统构成，支撑政府决策的科学性、民主性和高效性。决策中枢系统负责最终决策制定，咨询系统提供专业建议，信息系统提供数据支持，监督系统确保决策合法公正。该体系功能体现在科学决策、民主决策、高效决策和风险防控上。通过科学方法和技术手段提高决策科学性，公开透明决策过程增强民主性，优化流程提高效率，同时评估风险确保决策稳定可持续。这些功能的实现，提升了政府决策水平，推动了国家治理体系和治理能力现代化。

（三）行政决策的重要性与挑战

行政决策在政府管理中占据着举足轻重的地位，其重要性不仅体现在推动经济社会发展、维护社会公共利益、提升政府治理效能和增强政府公信力等方面，还直接关系到社会和谐稳定与民众福祉。然而，行政决策在现实中亦面临诸多挑战。信息不对称问题使得政府在决策过程中难以全面、准确地获取所需信息，增加了决策失误的风险。利益冲突的存在要求政府在决策时必须平衡各方利益，防止利益偏袒，这对政府的决策智慧和能力提出了更高要求。同时，随着社会问题的日益复杂多变，行政决策的难度也在不断增加，需要政府具备更高的决策能力和应对策略。公众参与不足也是当前行政决策面临的一大挑战，影响了决策的科学性和民主性。最后，决策执行过程中的阻力和困难也可能导致决策效果大打折扣，需要政府加强执行监督和评估机制。因此，政府需不断加强自身建设，提升决策能力，完善决策机制，确保行政决策的科学性、民主性和高效性，以更好地服务于社会发展和民众福祉。

二、行政决策流程分析

行政决策流程分析对提升政府决策水平至关重要。科学、合理的流程确保决策科学性、民主性、合法性，提高执行力和公众接受度。分析流程环节，找出问题并提出优化建议，对优化决策流程、提升决策质量有重要意义。

（一）传统行政决策流程梳理

传统行政决策流程是一个系统性过程，旨在确保决策的科学性、合理性和有效性。流程始于问题识别，政府或相关部门需敏锐洞察并准确界定面临的问题或挑战。随后，设定清晰、具体、可衡量的决策目标，为后续工作指明方向。接着，决策者广泛收集相关信息，包括政策背景、历史数据、专家意见及公众需求等，进行深入分析，以全面理解问题本质。基于分析结果，提出多个解决方案并进行评估比较，充分发挥集体智慧，确保方案既可行又富有创意。在权衡各种因素后，根据预设的决策标准选择最优方案。选定方案后，制定详细实施计划，分配资源，确保方案顺利执行，并在实施过程中进行持续监控和调整。最后，对决策效果进行全面评估，收集反馈意见，以评估决策的实际影响并为未来决策提供参考。这一流程虽在一定程度上保证了决策的系统性和规范性，但在面对复杂多变的现实问题时，也需不断优化和创新，以适应时代发展和治理需求的变化。

（二）流程优化策略探讨

针对传统行政决策流程中响应速度慢、灵活性不足等问题，需采取一系列优化策略以提升决策效率与质量。应强化问题导向，建立快速响应机制，确保问题及时识别并纳入决策议程，同时鼓励跨部门合作，提高决策敏捷性。明确决策目标，细化可衡量指标，增强目标导向性，确保决策方向清晰。加强信息整合与共享，建立统一信息平台，提升决策透明度，增强公众参与度。推广多元化决策方法，激发创新活力，拓宽决策视野，为决策提供更多选择。同时，强化决策执行与监督，明确责任分工，制定详细实施计划，确保决策有效落地。最后，建立反馈与评估机制，对决策效果进行全面评估，鼓励公众参与，为决策持续改进提供依据。通过这些优化策略的实施，能有效提升行政决策流程的响应速度、灵活性和科学性，推动政府决策水平不断提升。

（三）流程优化实例分析

1. 案例背景

某市市场监督管理局在行政执法过程中，发现传统执法流程存在响应慢、效率低等问题，尤其是在处理食品安全、消费者权益保护等紧急案件时，往往因流程繁琐而延误最佳处理时机。为提升执法效率，该局决定对行政执法流程进行优化。

2. 实践过程

实践过程中，某市市场监督管理局针对行政执法流程进行了全面优化。建立了快速响应机制，通过设立24小时值班制度，确保紧急案件能得到迅速响应和处理。简化了审批流程，对于事实清楚、证据确凿的案件，减少了不必要的层级汇报，提高了办案效率。同时，强化了部门间的协作，加强了与市场监管、公安、农业等部门的沟通与信息共享，实现了联合执法，提升了案件处理速度和质量。推广了电子化办公，利用电子政务平台实现了案件信息的电子化管理和传输，减少了纸质文件流转，提高了工作效率。加强了执法人员的培训，通过定期的业务培训和考核，提升了执法人员的法律素养、业务能力和应急处理能力，确保在优化后的流程中能高效、准确地执行任务。这些措施共同推动了行政执法流程的优化，提升了执法效率和质量。

3. 成效分析

通过优化行政执法流程，某市市场监督管理局取得了显著成效。响应速度大幅提升，紧急案件能得到迅速响应和处理，有效避免了因延误造成的损失。办案效率明显提高，简化审批流程和推广电子化办公等措施显著减少了案件处理时间，提升了工作效率。同时，部门间的协作更加顺畅，信息孤岛被打破，资源共享和优势互补得以实现，整体执法效能得到增强。执法人员的业务素质和应急处理能力通过定期培训得到显著提升，为高效执法提供了有力保障。最终，流程优化后案件处理的及时性和高效性赢得了公众的广泛认可，市场监管工作的满意度显著提升。这些成效共同证明了行政执法流程优化的重要性和有效性。

三、行政决策的科学化提升

提升行政决策科学性，需强化决策咨询、运用科学方法、加强数据分析，为政府决策提供科学依据，提升治理效能，满足公众需求，推动政府治理能力现代化。

（一）科学决策理念的确立

科学决策理念的确立是提升行政决策科学性的基石，它要求政府及决策者秉持尊重科学、尊重事实的态度，避免主观臆断和盲目决策。为此，需强化决策咨询机制，广泛吸纳智力资源，为决策提供科学依据和前瞻性分析。同时，充分利用大数据、云计算、人工智能等现代科技手段，提高信息收集、处理和分析的效率，实现决策过程的智能化、科学化。强化数据驱动决策，确保决策依据的准确性和可靠性，通过数据分析预测趋势、揭示问题本质。建立决策后评估机制，对决策效果进行定期评估，及时调整优化，确保决策的科学性和有效性。这些举措共同构成了科学决策理念的核心内容，为提升行政决策科学性提供了有力支撑。

（二）科学决策工具与方法的应用

在行政决策过程中，科学决策工具与方法的应用对于提升决策科学性至关重要。这些工具与方法包括多准则决策分析（MCDA），它综合考虑多个决策准则，通过量化分析确定最佳方案；成本效益分析（CBA），通过比较成本和预期效益评估经济可行性；风险评估与管理，识别、评估和管理风险，减少不确定性影响；情景规划，构建未来情景分析决策方案结果；公众参与与协商，广泛征求公众意见增强民主性和透明度；以及模拟与仿真，利用计算机技术和数学模型预测决策后果。这些工具与方法的应用，使决策者能更全面、深入地分析问题，预测未来趋势，从而作出更加合理、有效的决策。它们不仅提高了决策的科学性，还增强了决策的民主性和透明度，有助于提升公众对决策的信任和支持。

（三）科学决策机制的构建

科学决策机制的构建是提升行政决策科学性的核心环节，它要求从多个方面入手，确保决策过程的规范、高效与透明。需建立常态化的决策咨询与论证机制，邀请多方参与，对重大决策事项进行充分讨论和论证，确保决策的科学性和合理性。加强信息公开与公众参与，通过意见征集、听证会等平台广泛听取民意，增强决策的民主性和透明度。同时，引入风险评估与预警机制，对决策过程中的潜在风险进行全面分析和评估，确保决策的稳定性和可持续性。明确决策执行的责任主体和时间表，建立跟踪、评估、反馈机制，确保决策得到有效落实，并加强监督，及时纠正执行偏差。最后，建立决策后评估与反馈机制，定期评估决策效果，总结经验教训，为未来决策提供借鉴。通过这些机制的构建，可以全面提升行政决策的科学性、民主性和透明度，为政府治理提供坚实保障。

四、行政决策的民主化推进

行政决策民主化是提升治理效能的关键。需完善公众参与机制、加强信息公开、实践协商民主、强化民主监督，以推进行政决策更加公开透明、公正合理，反映民意、集中民智，增强政府决策的科学性和公众认可度，促进政府治理现代化。

（一）公众参与决策的机制设计

公众参与决策的机制设计是推进行政决策民主化的核心。需构建便捷高效的意见征集与反馈系统，如在线问卷、听证会等，鼓励公众积极发声，确保意见得到及时回应。实行代表参与制度，选拔广泛代表性的公众代表参与决策讨论，反映多元利益。建立政府与公众协商对话机制，如座谈会、研讨会，增进互信，寻求共识。加强信息公开与透明度，确保决策全过程公开，减少误解。开展公众参与决策教育与培训，提升公众政治素养和决策能力。建立激励机制，激发公众参与热情，形成良性循环。通过这些机制的综合运用，提升公众参与决策的深度与广度，使决策更贴近民意，增强合法性与执行力，有效推进行政决策民主化进程，提升政府治理效能。

（二）民主决策文化的培育

民主决策文化的培育是推进行政决策民主化的基石，它强调尊重多元、开放包容、理性协商和共同参与的价值观念。为培育这一文化，政府和相关机构需采取多项措施。倡导尊重多元的价值观念，鼓励决策过程中不同观点和利益的表达与交流，避免单一思维或利益垄断，使决策者能倾听并尊重各种差异性和多样性，作出更全面、公正的决策。弘扬开放包容的精神，鼓励决策者以开放心态接受新思想、新事物，拓宽视野，增强适应性和创新能力，使决策更符合时代需求。再者，培养理性协商的习惯，面对分歧和冲突时，以客观理性态度分析讨论，寻求共识，减少情绪化和极端化倾向，提升决策科学性和合理性。最后，强化共同参与的意识，将公众视为决策重要参与者，激发其积极性和创造力，使决策贴近民意、反映民智，增强社会认同感和执行力。同时，需在制度层面创新完善，如建立公众参与机制、完善信息公开、加强社会监督等，为民主决策文化培育提供制度保障。通过这些努力，逐步构建起尊重多元、开放包容、理性协商、共同参与的民主决策文化，为行政决策民主化奠定坚实基础。

（三）民主决策与科学决策的融合

民主决策与科学决策的融合是提升行政决策质量和效率的关键。融合两者能增强决策全面性和包容性，确保决策过程广泛参与、多元利益表达，同时运用科学方法和技术手段提高决策科学性。这种融合提高了决策的执行力和认可度，通过公开透明过程增强公众认同，减少实施阻力，同时为科学决策提供科学依据，确保决策有效执行。融合还促进决策创新性和适应性，民主决策激发创造力，科学决策运用现代科技，共同推动决策创新，增强前瞻性和适应性。为实现融合，需建立公众参与机制、加强决策咨询和专家论证、运用现代科技手段分析预测，并加强决策执行监督和评估。通过这些措施，推动民主决策与科学决策的深度融合，全面提升行政决策质量和效率，为政府治理现代化提供有力支持。

第二节　公众参与与行政决策透明度

公众参与与行政决策透明度是提升行政决策民主化、科学化的关键要素。通过增强公众参与，可以确保决策过程更加开放、包容，反映多元利益诉求；而提高行政决策透明度，则能增强公众对决策的理解和信任，促进决策的有效执行。本节将深入探讨公众参与行政决策的机制设计、行政决策透明度的提升策略，以及通过公众参与和透明度提升来推动行政决策的民主化进程。

一、公众参与行政决策的意义与价值

（一）提升决策质量与合法性

公众参与行政决策对于提升决策质量与合法性具有重要意义。公众参与能汇聚多元视角和智慧，为决策提供更加丰富、全面的信息支持。通过广泛征求公众意见，决策者能更全面地了解社会需求和利益诉求，从而制定出更加符合实际、贴近民生的决策方案。这种多元信息的融合，有助于减少决策中的片面性和盲目性，提高决策的科学性和合理性。公众参与有助于增强决策的合法性和社会认可度。公众是决策的直接受益者或受影响者，其参与决策过程能感受到被尊重和重视，从而增强对决策的认同感和支持度。这种认同感和支持度是决策有效执行的重要基础，能减少决策实施过程中的阻力和矛盾，提高决策的执行效率和效果。公众参与还能促进决策过程中的监督与制约。通过公开透明的决策过程，公众能对决策者的行为进行有效监督，防止权力滥用和腐败现象的发生。同时，公众参与还能为决策者提供反馈和建议，帮助决策者及时调整和优化决策方案，确保决策目标的顺利实现。

（二）促进民主化与治理现代化

公众参与行政决策不仅有助于提升决策质量与合法性，更是推动民主化与治理现代化的重要途径。民主化是现代政治发展的重要目标，它要求政府决策过程更加开放、透明，充分反映民意，保障公民权利。公众参与行政决策，正是实现民主化的关键一环。通过参与决策过程，公众能直接表达自己的意见和诉求，影响政府决策，从而增强政府决策的民主性和代表性。这种参与不仅提升了公众的政治素养和民主意识，也促进了政府与公众之间的良性互动，为构建和谐社会奠定了坚实基础。同时，公众参与行政决策也是推动治理现代化的重要手段。治理现代化强调政府治理的科学性、规范性和高效性，要求政府不断创新治理方式，提高治理效能。公众参与能引入外部监督和制约机制，促使政府决策更加科学、合理，减少决策失误和腐败现象。公众参与还能激发社会创新活力，为政府治理提供新的思路和方法，推动政府治理体系的不断完善和发展。通过公众参与行政决策，政府能更加精准地把握社会需求和问题，制定更加符合实际、贴近民生的政策，提高治理效能和公众满意度，推动治理现代化进程。

（三）增强政府公信力与民众信任

公众参与行政决策对于增强政府公信力与民众信任具有深远影响。政府公信力是民众对政府行为及其结果的信任程度，而民众信任则是政府有效治理和社会稳定的基础。公众参与行政决策通过以下方式显著增强政府公信力与民众信任：

1. 提升决策透明度

公众参与行政决策能显著提升决策透明度。政府需公开决策的背景、依据、过程和结果，接受社会监督，确保决策过程公开透明。这种透明度有助于减少暗箱操作和腐败现象，增强民众对决策公正性的信心。同时，公众通过了解决策目的和效果，能更清晰地认识政府行为，增进对政府的信任。提升决策透明度不仅体现了政府的开放态度，也促进了政府与民众之间的有效沟通，为构建和谐社会、增强政府公信力奠定了坚实基础。

2. 反映民意与需求

公众参与行政决策能确保政府决策更直接地反映民意和社会需求，这是增强政府公信力和民众信任的重要途径。通过公众参与，政府能广泛收集并整合来自社会各阶层的意见和建议，使决策更加贴近民众的实际需求和生活经验。当民众发现自己的声音被倾听，甚至直接影响了决策结果时，他们会深切感受到被尊重和重视，这种参与感增强了他们对政府的信任。公众参与不仅让决策更加人性化、接地气，还促进了政府与民众之间的情感联结，使得政策在执行过程中能获得更多的理解和支持。反映民意与需求的决策更能体现社会公平与正义，减少因决策不当引发的社会矛盾和冲突，进一步巩固了政府的合法性基础。因此，公众参与行政决策是连接政府与民众的桥梁，它让决策更加科学合理，同时也增强了政府的公信力和民众的信任感，为社会的和谐稳定奠定了坚实基础。

3. 增强决策合法性

公众参与行政决策对于增强决策合法性具有深远意义。通过公众参与，政府决策过程变得更加民主和科学，这确保了决策内容不仅符合法律法规，还充分反映了社会公共利益和民众合理诉求。公众的直接参与和监督，有效防止了权力滥用和决策偏颇，使决策更加公正、透明。这种决策模式减少了因决策不当而引发的社会矛盾和冲突，维护了社会稳定和谐。同时，公众参与的广泛性增强了决策的代表性，使得决策结果更容易获得社会各界的接受和认可，提升了政府决策的权威性。当民众看到政府决策是在广泛听取民意、尊重法律的基础上作出的，他们对政府的信任和支持会显著增强。这种信任和支持是政府有效治理的重要基石，有助于形成政府与民众之间的良性互动，共同推动社会进步和发展。因此，公众参与行政决策不仅增强了决策的合法性，还提升了政府的公信力和民众的满意度，为构建法治政府、促进社会和谐稳定提供了有力保障。

4. 建立互动与沟通机制

公众参与行政决策在建立政府与民众之间的互动与沟通机制方面发挥着关键作用。通过公众参与，政府得以更及时、准确地掌握民众的实际需求和关切，确保决策能精准对接民生痛点，提高政策的有效性和针对性。同时，民众也获得了直接表达对政府工作期望和建议的渠道，这不仅增强了民众的政治参与感和归属感，也促使政府更加关注民众呼声，及时回应社会关切。这种互动与沟通机制的建立，有效打破了政府与民众之间的信息壁垒，促进了双方之间的理解和信任。政府通过公开透明的决策过程，展示了开放包容的执政姿态，增强了民众对政府的信任。而民众则通过积极参与和反馈，让政府听到了更多真实的声音，有助于政府工作的不断改进和优化。互动与沟通机制还促进了政民关系的和谐构建。政府与民众在相互理解和尊重的基础上，共同推动社会问题的解决，形成了良性互动的局面。这种机制不仅提升了政府决策的民主化和科学化水平，也为构建和谐社会、推动社会进步提供了有力支撑。

二、公众参与行政决策的途径与方式

公众参与行政决策是提升决策民主化、科学化的重要途径。为了确保公众能有效参与到决策过程中，需要探索和实施多样化的参与途径与方式。通过详细介绍公众参与行政决策的主要途径与方式，包括制度性参与渠道、非制度性参与方式以及创新参与模式的探索，以期为提升公众参与行政决策的深度和广度提供有益参考。

（一）制度性参与渠道

制度性参与渠道是公众参与行政决策的重要基石，它通过法律、法规和政策文件等形式，为公众提供了明确、规范的参与路径。这些渠道主要包括公开征求意见、听证会、民意调查、公民陪审团以及协商民主机制等。公开征求意见通过官方渠道广泛收集公众对政策或决策的意见和建议，确保决策反映民意。听证会则为公众提供了一个公开讨论和辩论的平台，增强决策的透明度和公信力。民意调查则定期或不定期地了解公众对政府工作和特定政策的看法，为决策提供参考。公民陪审团则邀请普通公民参与特定领域或项目的决策过程，通过讨论和协商提出意见和建议。协商民主机制则通过平等对话和协商讨论，就决策事项达成共识。这些制度性参与渠道不仅为公众参与行政决策提供了明确途径，还促进了决策的民主化和科学化，有助于政府更好地反映民意、集中民智。政府应持续优化和完善这些渠道，确保其有效运行，推动公众参与行政决策的深入发展。

（二）非制度性参与方式

除了制度性参与渠道外，非制度性参与方式同样是公众参与行政决策不可或缺的重要途径。这些方式以其灵活性、多样性和广泛性，为公众提供了更多的参与机会和表达空间，有效弥补了制度性参与渠道的不足。社交媒体互动让公众能通过微博、微信、抖音等平台，就政府决策、政策实施等话题自由发表意见、提出建议，甚至发起讨论和倡议，政府应积极关注并回应这些声音，加强与公众的互动沟通。公民自发组织则允许公众基于共同兴趣或议题成立社会组织，如环保组织、消费者权益保护组织等，进行深入研究、讨论，并向政府提出专业性和针对性的意见和建议。媒体监督与报道是公众与政府间的桥梁，通过报道决策过程、揭露问题、提出批评等方式，对政府决策进行监督，同时为公众提供了解政府决策、表达意见的平台。公益诉讼为公众提供了法律途径，当认为政府决策或行政行为侵犯其合法权益时，可提起公益诉讼维护自身权益，这也对政府决策形成了一定的监督和制约。网络问政则通过政府官方网站、政务 APP 等平台设立专区，鼓励公众就政府工作、政策实施等提问、建议或投诉，政府需及时回应，解决公众问题，增强信任。这些非制度性参与方式共同促进了公众参与行政决策的深入发展，政府应充分重视并积极回应。

（三）创新参与模式探索

在公众参与行政决策的过程中，探索和创新参与模式对于提升参与效果、提高决策质量至关重要。这些创新模式包括：一是建立数字化参与平台，利用互联网和大数据技术，为公众提供便捷、高效的在线参与渠道，如在线论坛、电子投票系统、意见征集 APP 等，通过数据分析精准把握公众需求和意见分布，为决策提供科学依据。二是推行参与式预算，邀请公众代表、社会组织等参与预算编制过程，共同讨论和决定预算分配，增强预算透明度和公众参与感，提高预算使用效率和效果。三是实施社区共治，鼓励居民参与社区治理决策，通过建立社区议事会、居民代表大会等机制，共同解决社区问题，提升社区治理水平。四是建立政策实验室，针对复杂社会问题，邀请多方利益相关者参与政策设计、测试和评估，通过模拟实验、数据分析等方法探索有效政策解决方案，提高政策科学性和针对性。五是开展公民科学项目，鼓励公众参与环境监测、生物多样性调查等科学研究，收集数据和信息为政府决策提供支持，同时提升公众科学素养和环保意识。这些创新模式不仅拓宽了公众参与渠道，增强了决策透明度，还提升了公众参与感和决策质量，推动了决策过程的民主化和科学化。政府应积极探索和实践这些创新模式，为公众参与行政决策提供更多可能性。

三、行政决策透明度的提升策略

提升行政决策透明度是治理现代化的关键。需解决信息公开不充分、决策过程不透明等问题，探索有效策略，增强公众信任，促进决策民主化、科学化，为政府决策透明度提升提供参考。

（一）决策信息的全面公开

决策信息的全面公开是提升行政决策透明度的关键所在。政府需明确公开内容，涵盖决策事项基本信息、背景、依据、过程、结果及实施效果等，确保信息全面反映决策全貌。同时，拓宽公开渠道，利用互联网、社交媒体等新媒体平台，提高信息公开的覆盖面和时效性。建立反馈机制，鼓励公众提出疑问、意见和建议，政府及时回应并采纳合理建议，形成良性互动。加强监督与问责，对未按规定公开信息的行为进行严肃处理，确保制度有效执行。通过全面公开决策信息，政府能增强决策透明度，提升公众信任度和满意度，为构建开放型政府、推动社会治理现代化奠定坚实基础。

（二）决策过程的公开透明

决策过程的公开透明是提升行政决策透明度的关键环节，它要求政府在决策的全链条中，从起草到实施，每一个环节都向公众开放，确保决策过程的无缝透明。在决策起草阶段，政府需公开决策草案及其说明，征求公众意见，使决策更加贴近民意。进入决策论证阶段，政府应公开论证过程，包括专家咨询、听证会、社会调查等，展现决策的科学依据和合理性，并公开论证结果，接受社会监督。在决策审议阶段，政府需公开审议会议的相关信息，允许公众旁听或观看直播，同时记录并公开审议意见和表决结果，确保审议过程的透明。决策批准后，政府应及时公开决策内容、实施计划、责任主体等，让公众了解决策的具体安排。实施过程中，政府还需定期公开进展和效果，持续接受社会监督。通过这一系列公开透明措施，政府不仅能增强公众对决策的理解和信任，提升决策的合法性和执行力，还能促进内部自我约束和监督，防止权力滥用，推动行政决策向民主、科学、法治的方向稳步前进。

（三）决策结果的公开与解释

决策结果的公开与解释是提升行政决策透明度的关键环节，要求政府在决策作出后，及时、全面地向公众展示决策成果并深入解释其背后的逻辑与预期影响。政府需第一时间通过官方渠道公开决策结果，包括决策内容、实施时间及责任主体等关键信息，确保公众知情权。政府应详细解释决策依据，涵盖法律法规、政策导向、专家评估及公众意见等，增强决策合法性与公信力。同时，阐述决策理由，通过对比分析不同方案，揭示决策背后的深思熟虑与权衡取舍，提升公众对决策过程的理解与认同。政府需明确说明决策预期效果，涵盖社会、经济、环境等多方面影响，帮助公众评估决策价值。建立反馈与沟通机制，鼓励公众参与讨论，及时回应关切，形成政府与公众的良性互动。这一系列措施不仅增强了决策透明度，还提升了公众信任，为政府未来决策提供更为科学合理的社会基础。

第三节　行政决策的风险评估与应对

行政决策过程中往往伴随着各种风险，如政策执行不力、社会反响不佳、经济利益受损等。因此，对行政决策进行风险评估与应对，成为确保决策科学性、稳定性和可持续性的重要环节。本节将深入探讨行政决策风险评估的重要性、流程、方法以及应对策略，旨在为政府决策提供更加全面、系统的风险管理和控制框架。

一、行政决策风险评估的重要性

（一）提高决策质量

当前我国正处于社会转型的时期，各种社会事件频发，重大行政决策风险评估制度的建立对我国的长远发展具有重大意义，其有利于构建一个法治政府，并对公民权利进行保护，对容易滥用的公权力进行控制。我国对于重大行政决策风险评估制度的构建还不够完善 [1]。行政决策风险评估对于提升决策质量具有不可或缺的重要性。通过全面、系统地评估决策可能面临的各种风险，决策者能更清晰地认识到决策实施后可能带来的不确定性和挑战，从而做出更加审慎、周全的决策。风险评估增强了决策的科学性，要求决策者运用科学方法和技术手段对风险进行量化分析和预测，深入了解问题本质，避免盲目决策，提高决策的合理性。同时，风险评估提升了决策的预见性，使决策者能提前识别潜在风险，预测其发生的可能性和影响程度，从而在决策制定阶段就采取相应措施，减少实施过程中的不确定性和突发情况，确保决策的稳定性和可持续性。风险评估促进了决策的民主化，通过广泛征求专家、学者、公众等多方意见，增强决策的民主性和透明度，提升公众对决策的理解和接受度，增强决策的合法性和执行力。最后，风险评估优化了资源配置，帮助决策者合理调配资源以应对最关键的风险和挑战，提高决策的实施效率和效果。

---

[1] 郑莹 . 重大行政决策风险评估制度的法律思考 [C]// 山西省法学会，湖北省法学会，河南省法学会，安徽省法学会，江西省法学会 . 第八届中部崛起法治论坛论文集 . 河南省潢川县人民法院，2015：15.

（二）增强决策的可操作性

为确保行政决策能顺利落地执行并取得实效，增强决策的可操作性显得尤为重要。为此，研究者们需通过系统的风险评估，明确实施过程中的难点与风险点，进而制定详细的实施方案，优化资源配置，并建立有效的风险应对机制。下表将详细探讨这些方面，以期为提升行政决策的可操作性提供有力支持（见表2）。

表 2　决策实施与风险评估策略表

策略	描述
明确实施难点与风险点	风险评估过程中，决策者会对决策实施中可能遇到的各种难点和风险点进行深入剖析，如技术障碍、资金短缺、公众接受度低等问题。这种深入分析有助于决策者提前预见问题，为制定针对性的解决方案提供依据。
制定详细实施方案	基于风险评估的结果，决策者可以制定出更加详细、具体的实施方案，明确实施步骤、责任分工、时间节点等关键要素。这有助于确保决策实施过程中各环节的紧密衔接和高效协同，提高决策的可执行性。
优化资源配置	风险评估还能帮助决策者更合理地配置资源，如人力、物力、财力等，确保资源能精准投入最需要的地方。通过优化资源配置，可以提高资源的使用效率，降低决策实施成本，增强决策的经济性和可持续性。
建立风险应对机制	在风险评估的基础上，决策者可以建立起完善的风险应对机制，包括风险预警、应急处置、责任追究等环节。这种机制能在决策实施过程中及时发现和解决问题，确保决策能顺利推进，减少因风险带来的负面影响。
提升公众接受度	风险评估还能帮助决策者更好地了解公众对决策的期望和担忧，从而制定出更符合公众利益的决策方案。通过加强与公众的沟通和互动，提升公众对决策的接受度和支持度，为决策的顺利实施创造良好的社会环境。

（三）提升政府公信力

行政决策风险评估与应对在提升政府公信力方面扮演着至关重要的角色。通过科学有效的风险评估，政府能主动预见并应对潜在风险，展现其责任与担当，增强公众对政府的信任和支持。风险评估的应用显著提升了决策的透明度和可预测性，使公众能更清晰地了解决策逻辑和结果，减少疑虑，巩固政府公信力。同时，风险评估与应急响应机制的建立，提升了政府的应急处理能力，有效维护社会稳定和公众安全，进一步增强了政府权威。通过与公众、专家、媒体等多方互动沟通，政府决策过程更加开放透明，促进了社会共识的形成，增强了公众对决策的理解和认同，为政府公信力的提升奠定了坚实基础。

二、行政决策风险评估的流程

行政决策风险评估流程包括风险识别、分析、评价和应对等环节，确保决策科学性、稳定性和可持续性。本文详细探讨该流程，为政府决策提供全面系统的风险管理和控制框架。

（一）确定评估对象和目标

确定评估对象和目标是行政决策风险评估的起始点，它为整个评估流程提供了清晰的指引。评估对象通常聚焦于政府即将作出的重大行政决策，涵盖经济发展、社会稳定、环境保护等多个关键领域，明确对象有助于评估工作精准定位，提升针对性与有效性。设定评估目标时，需确保其具体、明确，旨在全面识别决策过程中的潜在风险，评估其可能性和影响程度，为决策提供坚实的科学依据。同时，评估目标还应涵盖提出有效的风险应对措施，旨在减轻或规避风险对决策实施的负面影响。在确定评估对象与目标的过程中，需深入考量决策的背景、目的、预期成效及所涉利益方，通过细致分析与研究，奠定评估工作的准确性与全面性基础，为后续的风险识别、分析及应对策略制定提供有力支撑。

（二）识别潜在风险

识别潜在风险是行政决策风险评估流程的核心环节，它要求评估者采用科学方法和工具，全面、系统地梳理和识别决策过程中可能面临的各种风险。评估者需编制详细的风险清单，涵盖政策执行、社会稳定、经济影响、环境保护、法律合规等多个维度，确保风险的全面性和系统性识别。深入分析风险来源，探究风险可能源自政策设计缺陷、外部环境变化、公众接受度差异、技术实施难题等，以准确把握风险本质和特征。根据风险性质及影响程度对风险进行分类，如市场风险、政策风险、技术风险、社会风险等，以理解风险间关系及影响，为后续分析应对提供依据。最后，运用专家访谈、问卷调查、案例分析、头脑风暴等工具和方法，从不同角度、层面挖掘潜在风险，提升风险识别准确性和全面性。通过上述步骤，评估者能全面、系统地识别决策潜在风险，为风险分析和应对奠定坚实基础，此过程考验评估者的专业知识、实践经验、风险意识及分析能力。

（三）评估风险影响和概率

评估风险影响和概率是行政决策风险评估流程中的核心环节。评估者需对已识别的潜在风险进行深入分析，量化评估其对决策目标实现的影响程度及发生可能性。进行风险影响评估，分析每项风险的具体影响，包括正面促进决策目标实现、提高决策效率等，以及负面如经济损失、社会不稳定、环境破坏等，采用定性或定量方法量化评估，全面把握风险对决策目标的潜在威胁。进行风险概率评估，收集历史数据，运用统计分析、概率模型等方法预测风险发生概率，了解风险紧急程度和紧迫性，为应对措施提供依据。最后，进行综合评估与排序，将风险按影响和概率高低排序，优先关注处理影响大、概率高的风险，合理分配资源，确保应对效率和效果。通过这一过程，决策者能更清晰地了解风险威胁及发生可能性，为制定科学、有效的应对措施提供重要依据，保障决策的科学性、稳定性和可持续性。

（四）制定风险应对措施

制定风险应对措施是行政决策风险评估流程的最后一环，也是将风险评估结果转化为实际行动的关键步骤。针对识别并评估过的风险，政府或决策者需要制定具体、可行的应对措施，以减轻或避免风险对决策实施的不利影响。

1. 风险规避策略

风险规避策略是应对重大且难以控制风险的有效手段。政府或决策者可通过调整决策方案、改变实施路径等方式，主动规避潜在风险。面对可能引发社会不稳定的风险，决策者应审慎考虑政策内容，避免激化矛盾，调整实施方式，如分阶段推进、加强沟通解释等，以减少冲突和误解。此策略强调预防胜于治理，通过前瞻性规划，确保决策安全落地，维护社会稳定和谐，保障公众利益。

2. 风险减轻策略

风险减轻策略旨在降低无法完全规避风险的影响程度。政府或决策者可通过加强监管，确保决策执行过程规范有序，减少违规操作风险；提供补偿机制，对因决策影响受损的群体给予合理赔偿，缓解社会矛盾；同时，不断改进技术，提升决策执行效率和准确性，降低因技术缺陷导致的风险。这些措施共同作用，旨在将风险影响控制在可承受范围内，保护公众利益，维护社会稳定，确保决策顺利实施，展现政府责任与担当。

3. 风险转移策略

风险转移策略是一种有效的风险管理手段，旨在通过合法合规的方式将部分风险转移给第三方机构或个人承担，从而减轻政府或决策者的负担。在具体操作中，政府或决策者可以通过购买相关保险，如决策失误保险、责任保险等，将可能因决策引发的经济损失或法律责任转移给保险公司。还可以通过签订合同，明确各方在决策实施过程中的权利与义务，将部分风险转移给合作方或服务提供商。这种策略不仅有助于分散风险，还能促进资源的优化配置，提高决策实施的整体效率和安全性。同时，风险转移策略也要求政府或决策者在选择第三方机构或个人时，需进行充分的尽职调查，确保转移风险的合法性和有效性。

4.风险接受策略

风险接受策略是在全面评估后，针对影响可控且较小的风险采取的管理手段。政府选择依靠现有资源和能力应对风险，保持决策灵活性和效率，同时持续监控风险发展，确保风险可控。此策略需建立在充分风险评估和监控机制上，保障决策稳定性。制定风险应对措施时，需综合考虑风险性质、影响、概率及资源，选择最佳策略，并建立应对机制，明确责任分工，制定详细计划。政府还需定期评估措施有效性，适时调整优化，确保风险应对持续有效。通过这一策略，政府能在确保决策安全稳定的同时，提高决策效率和灵活性。

三、行政决策风险的应对策略

在行政决策过程中，风险无处不在。为了有效应对这些风险，确保决策的科学性、稳定性和可持续性，需要制定一系列全面、系统的应对策略。下面将深入探讨行政决策风险的应对策略，包括风险规避、风险减轻、风险转移和风险接受等策略，旨在为政府决策提供有力的风险管理和控制支持。

（一）风险规避

风险规避是行政决策中的事前预防关键，通过调整决策方案或实施路径，旨在根本避免风险。当识别到重大风险时，决策者需立即启动规避机制。这涉及重新审视决策目标，确保其符合公共利益与实际可行；重新评估资源分配，确保合理配置；调整政策内容或实施方式，如增加灵活性条款、设立过渡期，降低不确定性。成功实施需决策者具备前瞻性与预见性，密切关注国内外动态，及时捕捉风险信号，果断采取措施，如暂停风险项目、调整方案，有效防止风险发生与扩大，保障决策安全与稳定。

（二）风险减轻

风险减轻策略是行政决策中不可或缺的一环，尤其在风险无法完全规避时显得尤为重要。该策略通过一系列针对性措施，旨在有效降低风险的影响程度，确保决策平稳推进。加大监管力度是风险减轻的重要手段之一，通过建立健全的监管机制，确保决策执行过程中的合规性，及时发现并纠正违规操作，减少潜在风险。同时，提供补偿机制也是关键措施，针对因决策影响而受损的群体，通过合理的经济补偿或政策扶持，缓解其不满情绪，维护社会稳定和谐。改进技术手段同样重要，通过引入先进的信息技术和管理工具，提高决策执行的效率和准确性，减少因技术失误或管理不善引发的风险。这些措施的综合运用，能有效降低风险影响，为行政决策的成功实施提供有力保障。

（三）风险转移

风险转移是行政决策中一种有效的风险管理策略，旨在通过合法途径将特定风险责任转嫁给第三方机构承担。在行政决策过程中，面对某些难以完全控制的风险，政府可以通过购买保险或签订合同等方式，将潜在损失的可能性转移给保险公司、合作方等第三方。例如，政府可以投保决策失误险、财产损失险等，以在风险发生时获得经济补偿；或与合作方签订详细合同，明确双方责任与义务，确保在风险事件中，合作方能承担相应责任。风险转移策略的实施需政府谨慎选择第三方机构，进行充分的尽职调查，确保转移风险的合法性和有效性。政府应评估第三方的信誉、财务状况及风险承受能力，选择可靠合作伙伴。同时，合同或保险条款应明确、具体，避免模糊地带，以防后续争议。政府还需持续关注第三方表现，确保风险得到有效管理，必要时调整合作策略，以保障公共利益和政府利益。通过风险转移，政府能在保持决策灵活性的同时，有效降低自身风险暴露，为行政决策的稳定实施提供额外保障。

（四）风险接受

风险接受是行政决策中一种务实的风险管理策略，适用于那些影响较小、可控性强的风险。当政府经过全面评估，确认风险在可承受范围内时，可以选择不采取额外应对措施，而是依靠现有资源和能力来应对风险。这种策略并非忽视风险，而是基于对风险的深刻理解和有效控制。在风险接受过程中，政府需持续监控风险发展，确保风险态势始终处于可控状态。这要求政府建立完善的风险监控机制，定期评估风险影响，及时调整风险应对策略。同时，政府还需做好应急准备，制定详细的应急预案，确保在风险超出预期时能迅速响应，采取有效措施控制风险扩散，减轻损失。风险接受策略的实施还需政府强化内部沟通与协作，确保各部门对风险有统一认识和应对准备。通过培训和教育，提升政府工作人员的风险意识和应对能力，确保在风险发生时能迅速、有效地采取行动。

四、行政决策风险评估与应对的保障措施

行政决策风险评估与应对需加强组织领导、完善制度建设、强化信息技术应用、提升专业人才素质及加强监督评估等保障措施，确保评估准确性、应对及时有效，增强决策科学性和稳定性，为政府决策提供坚实风险管理和控制支持。

（一）加强组织领导

加强组织领导是行政决策风险评估与应对工作的基石。政府需成立由高层领导直接负责的风险评估与应对领导小组，该小组应涵盖相关部门负责人，确保跨部门协作与资源整合。领导小组需明确各成员单位的职责分工，形成紧密合作的工作机制，确保风险评估与应对工作的系统性和连贯性。定期召开会议，及时研讨决策过程中的风险点及应对策略，针对发现的问题迅速响应，制定有效措施。同时，建立健全决策问责机制，对风险评估与应对中的失职渎职行为零容忍，严肃追责，以此强化责任意识，确保每项决策都能经过严格的风

险评估与妥善应对。通过强有力的组织领导，为行政决策风险评估与应对提供坚实的制度保障和执行力支持。

（二）完善制度机制

完善制度机制是保障行政决策风险评估与应对工作规范有序进行的关键。政府应制定和完善风险评估与应对的相关法律法规，明确风险评估的标准、程序和方法，以及风险应对的策略和措施。同时，建立风险评估与应对的信息共享机制，确保各部门之间信息畅通，提高风险评估的准确性和应对的及时性。政府还应加强对风险评估与应对工作的监督和评估，定期对工作开展情况进行检查，确保各项制度得到有效执行。

（三）强化技术支撑

强化技术支撑对于提升行政决策风险评估与应对的效能至关重要。政府应积极响应时代发展趋势，加大信息技术领域的投入，充分利用大数据、云计算等现代信息技术手段，构建风险评估与应对的信息系统。这一系统能实现风险的实时监测、预警和快速响应，帮助政府更准确地识别潜在风险，评估其影响程度，并据此制定科学合理的应对策略。通过数据分析，政府能深入挖掘风险背后的规律和趋势，为决策提供数据支撑。政府还应积极拓展国际合作与交流，与其他国家和地区在风险评估与应对技术领域开展深度合作，分享经验，共同应对全球性风险挑战。通过引进和借鉴国际先进技术和理念，不断提升我国行政决策风险评估与应对的技术水平，增强应对复杂多变风险环境的能力。同时，政府还应注重培养本土技术人才，加强技术研发和创新，推动风险评估与应对技术的持续进步，为行政决策提供更加坚实的技术支撑。

（四）加强人员培训

加强人员培训是提升行政决策风险评估与应对能力的核心环节。政府应建立定期培训机制，邀请风险评估领域的专家学者和实践经验丰富的官员，为政府工作人员提供系统化、专业化的培训。培训内容需涵盖风险评估的基本理论、方法和技术，如风险识别、评估模型、数据分析等，以及风险应对的策略和措施，如应急预案制定、危机管理等。通过理论讲解与案例分析相结合的方式，提升工作人员的风险意识和应对能力。政府还应鼓励和支持工作人员参加国内外相关学术交流和研讨活动，拓宽国际视野，了解前沿理论和实践动态，促进知识更新和能力提升。同时，建立培训效果评估机制，通过考试、模拟演练等方式检验培训成果，确保培训质量。通过这些措施，政府能培养一支具备高度专业素养、敏锐风险意识和高效应对能力的工作队伍，为行政决策的科学性、稳定性和可持续性提供坚实的人才保障。

第四节　科学决策支持系统的构建

在科学决策日益重要的今天，构建科学决策支持系统已成为提升行政决策质量和效率的关键举措。这一系统通过整合信息技术、数据分析、专家咨询等多种资源，为决策者提供全面、准确、及时的信息支持，帮助决策者更加科学、理性地作出决策。通过深入探讨科学决策支持系统的构建原则、关键技术、实施步骤以及面临的挑战与应对策略，以期为政府决策提供有力支持。

一、科学决策支持系统的概述

（一）定义与功能

1.科学决策支持系统的定义

科学决策支持系统（Decision Support System，DSS）是一种结合了计算机技术、人工智能技术和管理科学的信息技术工具，旨在通过整合专门知识，提供决策者在复杂决策环境下的支持。它能帮助决策者进行定性决策，并以增加决策的有效性为目标，为决策者提供必要的信息和决策条件。科学决策支持系统通常包括数据驱动、模型驱动、知识驱动、文档驱动、交流驱动、团体决策支持、内部组织决策支持等不同类别，并针对特定的决策需求设计相应的功能和工具[1]。

2. 科学决策支持系统的核心功能

科学决策支持系统在依法行政实践中发挥着关键作用，其核心功能全面覆盖数据整合与分析、模型构建与模拟、专家咨询与知识管理以及决策支持与优化等方面。系统广泛收集政府、社会机构及公众等多方数据，运用大数据分析技术揭示数据规律，为政府决策提供精准的数据支撑，帮助政府把握社会需求、预测政策效果，确保决策科学前瞻。同时，基于数据分析构建决策模型，模拟不同政策方案效果，评估社会、经济、环境等影响，提前识别风险挑战，优化政策设计，减少决策失误。系统还整合法学、经济学、社会学等领域专家资源，提供权威咨询，并建立知识库管理依法行政相关知识，提升决策专业性和合法性。通过综合分析数据、模型和专家意见，系统为政府提供科学决策建议，并在实施过程中持续跟踪效果，提供优化建议，确保决策目标实现，提升政府应对社会变化的能力和决策执行力。这些核心功能共同推动依法行政决策的科学化、法治化水平，为法治中国建设提供有力保障。

（二）系统构成与特点

科学决策支持系统是一个集数据采集、处理分析、模型构建、专家咨询与知识管理、决策支持界面于一体的综合性平台。它通过数据采集模块从政府内部数据库、公开信息源、社交媒体等多渠道收集全面、时效的数据；数据处理与分析模块则运用大数据、人工智能等技术对数据进行清洗、整合和深度挖

---

[1] 鲍洁，任玉艳.基于决策支持的信息融合系统的研究[J].科技信息，2011，（12）：38-39.

掘，为决策提供科学依据；决策模型构建模块基于数据分析结果，构建模拟不同决策方案的模型，评估其潜在影响，为决策者提供多元选择；专家咨询与知识库模块整合法学、经济学、社会学等领域专家资源，提供决策咨询，并建立知识库管理相关法律法规、案例研究等知识；决策支持界面提供直观、易用的访问途径，使决策者能便捷地获取系统支持。该系统具有综合性、智能性、灵活性、互动性和持续性等特点，能持续收集数据、更新模型，为决策提供持续优化和完善的支持，有力支撑了依法行政决策的科学化、民主化和法治化进程。

二、科学决策支持系统的构建原则

构建科学决策支持系统需遵循用户导向、数据驱动、模型支撑、智能辅助及系统可扩展性等原则，确保系统有效支持决策，提升质量和效率，指导系统设计与开发，发挥最大效能。

（一）用户导向原则

用户导向原则是科学决策支持系统设计的核心指导原则。它要求系统设计者深入洞察决策者在依法行政过程中的实际需求与痛点，确保系统能精准对接用户需求，提供高效、便捷的决策支持。这意味着系统须具备高度定制化的功能模块，针对用户在实际工作中遇到的挑战，提供切实可行的解决方案。同时，系统界面设计需注重用户体验，力求简洁直观，操作流程便捷高效，以降低用户的学习成本，提高系统使用效率。通过持续收集用户反馈，不断优化系统性能，确保系统能紧密跟随用户需求变化，成为决策者依法行政、科学决策的强大助力，推动决策过程更加民主化、科学化。

（二）数据驱动原则

据驱动原则是科学决策支持系统构建的关键原则，它强调系统应充分利用现代信息技术，特别是大数据和云计算技术，来全面、准确地收集、整合和分析各类数据资源。这要求系统不仅要整合政府内部数据，还要广泛吸纳社会公开数据及第三方数据，形成多维度、全方位的数据集。通过对这些数据的深度挖掘和分析，系统能揭示问题的本质，预测未来发展趋势，为决策提供科学、可靠的数据支持。数据驱动原则还强调数据的可视化展示，即通过将复杂的数据分析结果以图表、报告等形式直观呈现出来，帮助用户快速理解数据背后的意义，提升决策的科学性和准确性。这种可视化方式不仅降低了数据理解的门槛，还增强了决策的透明度和说服力，使得决策过程更加公开、公正。因此，遵循数据驱动原则，能确保科学决策支持系统为决策提供坚实的数据基础，推动决策过程的科学化、规范化。

（三）模型支撑原则

模型支撑原则是科学决策支持系统构建的重要基石，它强调系统应构建科学合理的决策模型，以模拟和预测不同政策方案的效果，为用户提供多元选择。这些模型涵盖风险评估、政策效果预测等多个方面，能全面评估政策方案的潜在影响，帮助用户识别风险、预测趋势，从而作出更加明智的决策。在模型构建过程中，系统需采用先进的算法和技术，确保模型的准确性和可靠性。同时，系统还应支持模型的动态调整和优化，以适应不断变化的决策环境。这意味着系统能根据新的数据和信息，实时更新模型参数，提高预测的准确性和时效性。系统还应提供灵活的模型配置选项，允许用户根据实际需求调整模型参数和假设条件，以满足不同决策场景的需求。通过模型支撑原则的实施，科学决策支持系统能为用户提供更加科学、合理的决策支持，帮助用户在不同政策方案之间做出最优选择，提升决策的科学性和灵活性，为政府和社会各界提供更加稳健、可持续的决策支持。

（四）智能辅助原则

智能辅助原则是科学决策支持系统构建的重要方向，它强调将人工智能、机器学习等前沿技术融入系统，为决策过程提供智能化支持。通过智能算法，系统能迅速分析复杂问题，挖掘数据背后的深层规律，为决策者提供科学、精准的决策建议。自然语言处理技术的应用，则使系统能理解人类语言，实现更自然、更便捷的人机交互，提升决策效率。智能监控和预警系统的建立，能实时监控政策执行过程，及时发现并预警潜在风险，确保政策得到有效实施。这种实时监控和预警机制，有助于决策者及时调整策略，应对突发情况，保障政策目标的顺利实现。在依法行政的实践中，智能辅助原则的应用能显著提升决策的科学性、准确性和效率。它不仅能帮助决策者快速把握问题本质，作出合理决策，还能通过智能化手段优化决策流程，减少人为错误和延误，提高决策执行的透明度和公信力。因此，智能辅助原则是推动科学决策支持系统发展、提升依法行政水平的关键所在，对于促进法治建设具有重要意义。

三、科学决策支持系统的关键技术

科学决策支持系统依赖大数据分析、人工智能、云计算及决策模型等关键技术，提供强大数据处理能力，增强系统智能化与个性化服务，保障系统有效实施与持续优化。

（一）数据采集与处理技术

数据采集与处理技术是科学决策支持系统的基石。该技术通过多源渠道如互联网、政府数据库、物联网等，高效收集数据。爬虫技术用于抓取公开信息，API 接口则连接内部数据，物联网技术实现现场数据实时采集。数据清洗与转换技术紧随其后，剔除冗余、错误数据，确保数据一致性和准确性。这一系列处理步骤为后续数据分析提供高质量基础，支撑科学决策。通过这些技术，系统能汇聚广泛、准确的数据资源，为决策提供坚实的信息支撑，提升决策的科学性和准确性。

（二）数据分析与挖掘技术

数据分析与挖掘技术是科学决策支持系统中不可或缺的核心组成部分。该技术运用统计学、机器学习等先进方法，对经过整合的复杂数据进行深度剖析，以揭示数据间的内在关联和潜在规律，挖掘出隐藏的信息和知识。聚类分析是一种常用技术，能识别数据中的自然群组或模式，帮助决策者理解数据分布和特征。关联规则挖掘则通过发现变量间的依赖关系和强关联规则，揭示数据背后的因果逻辑。预测模型则基于历史数据，运用时间序列分析、回归分析等方法，对未来趋势进行预估，为决策者提供前瞻性指导。这些技术不仅提供了丰富的数据洞察，还增强了决策的科学性和预见性，使决策者能基于全面、准确的数据分析结果，作出更加合理、有效的决策，从而推动科学决策支持系统发挥更大效能。

（三）决策模型构建技术

决策模型构建技术是科学决策支持系统中的关键一环，它基于深入的数据分析结果，构建出用于预测、优化和决策的数学模型。这些模型种类繁多，如线性规划用于解决资源分配问题，整数规划处理离散变量优化，动态规划应对多阶段决策过程，决策树通过树状结构展现决策路径，而神经网络则利用复杂网络结构模拟人脑思维，处理非线性关系。这些模型能模拟不同决策方案的效果，评估其潜在影响，为决策者提供多元选择，辅助其作出科学决策。更为重要的是，这些模型并非一成不变，而是能根据反馈数据进行动态调整和优化。随着决策环境的变化和新数据的涌入，模型能自我学习和适应，确保决策的科学性和灵活性。例如，神经网络模型通过反向传播算法不断调整权重，优化预测准确性；决策树模型则可通过剪枝等方法避免过拟合，提高泛化能力。这种持续优化的能力，使得决策模型能紧密跟随决策环境的变化，为决策者提供始终准确、有效的决策支持。

（四）智能化技术

智能化技术是科学决策支持系统迈向高效、智能的重要驱动力。它融合了人工智能、机器学习、自然语言处理等多项前沿技术，为系统赋予了强大的数据处理、分析和决策支持能力。人工智能技术的应用，使系统能模拟人类智能，自动处理和分析海量数据，快速识别数据中的关键信息和模式，为决策者提供精准、及时的决策建议。机器学习技术则让系统具备自我学习和优化的能力，能不断从数据中学习新知识，提升决策建议的准确性和可靠性。自然语言处理技术的引入，让系统能理解并回应人类的自然语言指令，实现与用户的无缝沟通。这不仅提升了用户体验，还使得系统能更广泛地收集用户意见和反馈，进一步优化决策支持服务。智能监控和预警系统的建立，更是为决策执行过程提供了坚实保障。通过实时监控和数据分析，系统能及时发现决策执行中的偏差和风险，自动触发预警机制，确保决策能按照预期目标顺利推进。这种实时监控和预警能力，增强了决策执行的透明度和可控性，为决策的有效实施提供了有力保障。

四、科学决策支持系统的实施步骤

科学决策支持系统的实施是一个系统而复杂的过程，它涉及需求分析、系统设计、开发测试、部署上线以及持续优化等多个环节。为确保系统能有效支持决策过程，提升决策质量和效率，必须严格按照一系列实施步骤进行。本文将详细探讨科学决策支持系统的实施步骤，以期为系统的成功部署和有效运行提供指导。

（一）需求分析与系统设计

在科学决策支持系统的实施过程中，需求分析与系统设计是不可或缺的初始步骤，它们共同为系统的后续开发奠定了坚实基础。需求分析阶段，项目团队深入了解并明确系统的目标用户及其具体需求，通过与决策者、政策分析师等潜在用户的交流，确定系统需处理的数据类型、应提供的决策支持功能，以及用户期望的系统性能和易用性标准。这一过程采用问卷调查、一对一访谈、工作坊讨论等多种方式，确保需求分析的全面性和准确性，为后续系统设计提供明确方向。系统设计阶段则在需求分析的基础上，规划系统的整体架构、模块划分、数据流程及用户界面等关键要素，确保系统既满足当前需求，又具备可扩展性和灵活性，以应对未来变化。系统设计还需细致考虑数据库设计、算法选择、接口定义等技术细节，以及用户界面的直观性和易用性，旨在打造稳定、高效且用户友好的系统，为后续的开发、测试、部署及持续优化提供有力支撑，确保系统能有效支持决策过程，提升决策的科学性和效率。

（二）数据准备与模型构建

在科学决策支持系统的实施过程中，数据准备与模型构建是核心环节，紧密相连，共同为系统提供坚实的数据基础和有效的决策工具。数据准备阶段，系统根据需求分析确定所需数据类型和来源，如政府数据库、公开数据集等，随后通过爬虫技术、API 接口等方式收集数据，并进行清洗、整合和预处理，确保数据的准确性和一致性。这一过程中，系统还需进行特征选择、数据归一化等预处理工作，为模型构建提供高质量数据输入。模型构建阶段利用数据分析与挖掘技术，根据需求分析选择合适的模型类型，如线性回归、决策树、神经网络等，进行算法选择、参数调优、模型验证等工作，构建适用于不同决策场景的决策模型。通过模拟不同决策方案的效果，评估其潜在影响，为决策者提供科学、合理的决策建议。数据准备与模型构建相辅相成，共同确保系统能准确分析数据、科学预测趋势、提供有效决策支持，从而有效提升决策的科学性和效率。

（三）系统部署、培训与维护化

在科学决策支持系统的实施过程中，系统部署、培训与维护是确保系统顺利运行并持续优化的关键环节，紧密相连，共同支撑系统的长期稳定运行。系统部署阶段，需将开发成果部署至实际运行环境，涉及服务器配置、软件安装、数据迁移、系统测试等，确保系统能在目标环境中安全、稳定、高效地运行，满足用户需求。培训阶段，则通过线上课程、线下研讨会、一对一辅导等形式，向用户传授系统基本操作、功能模块使用、数据分析与解读、决策模型应用等知识，帮助用户快速上手，充分发挥系统功能，提高决策效率。而维护阶段，则聚焦于系统的日常监控、故障排除、性能优化、数据备份与恢复、系统升级等工作，确保系统长期稳定运行，并根据用户反馈和业务需求，持续优化升级系统，提升系统功能和性能，满足用户日益增长的需求。这三个环节相辅相成，共同确保科学决策支持系统能有效支持决策过程，推动决策科学化、民主化、法治化进程。

第五章
行政复议与行政诉讼制度

　　行政复议与行政诉讼制度是行政法治监督体系的重要组成部分，对于维护公民合法权益、促进依法行政、构建法治政府具有重要意义。本章将深入探讨行政复议与行政诉讼的基本概念、程序流程、功能作用以及实践中的挑战与对策，以期为完善我国行政法治监督体系、提升政府依法行政水平提供有益参考。

第一节　行政复议制度的功能与程序

行政复议制度是行政相对人寻求行政救济的重要途径，对于纠正违法或不当行政行为、保障公民合法权益具有重要意义。本节将深入探讨行政复议制度的基本功能、程序流程以及在实际操作中的应用，以期为完善行政复议制度、提升行政救济效能提供理论支持和实践指导。

一、行政复议制度的功能

（一）权利救济功能

行政复议制度的核心功能在于其权利救济功能，为行政相对人提供了快速、有效的救济渠道。当行政相对人认为行政机关的具体行政行为侵犯其合法权益时，可直接向行政复议机关提出复议申请，请求对原行政行为进行审查并作出处理决定。这一机制体现了行政复议的直接性，无需经过漫长的司法程序，提高了救济效率。同时，行政复议机关由具备行政专业知识和经验的专家组成，能准确判断行政行为的合法性与合理性，为行政相对人提供专业、全面的救济，不仅审查合法性，还关注合理性和适当性。与司法救济相比，行政复议程序简便、成本低廉，为行政相对人提供了更为经济、高效的救济途径。通过行政复议制度，行政相对人的合法权益得到有效保障，促进了行政机关依法行政，减少了行政争议，维护了社会稳定和公平正义。

（二）内部监督功能

行政复议制度的内部监督功能是其重要价值之一，它通过对行政行为的审查，实现对行政机关及其工作人员的有效制约和监督。具体而言，行政复议制度的内部监督功能主要体现在以下几个方面：

1. 促进依法行政

行政复议机关通过全面审查行政行为的合法性与合理性，促进了依法行政的深入实施。这一过程要求行政机关在决策和执行中严格遵循法律法规，确保权力行使的合法合规。同时，行政复议的开展也增强了行政机关及其工作人员的法治观念，提升了他们依法行政的自觉性和能力。这种内部监督机制促使政府工作更加规范化、法治化，减少了违法行政和不当干预的可能性，为构建法治政府、维护社会公平正义奠定了坚实基础。行政复议因此成为推动依法行政、提升政府治理效能的重要手段。

2. 规范行政行为

行政复议制度通过严格规范行政机关的行为，确保了行政权力的合法、公正行使。该制度明确要求行政机关在行使职权时，必须遵循法定程序，确保行政行为的公开透明，接受社会监督。复议审查过程则是对行政行为的一次全面"体检"，能及时发现并纠正行政机关在行使权力过程中的违法或不当行为，有效防止了权力滥用和腐败现象的发生。这一机制不仅维护了行政行为的合法性和规范性，也提升了政府公信力，增强了公众对政府的信任和支持。通过行政复议制度的实施，行政机关的行为得到了有效约束，行政行为更加规范，权力运行更加透明，为构建廉洁、高效、透明的政府形象作出了积极贡献。

3. 提升行政效能

行政复议制度通过其内部监督机制，行政复议制度促使行政机关在复议过程中必须迅速、准确地回应复议请求，及时提供充分的证据和材料。这一过程不仅要求行政机关在复议案件处理上保持高效，也促使行政机关在日常工作中更加注重效率和质量。为了应对可能的复议挑战，行政机关会不断优化工作流程，提高决策和执行速度，确保行政行为既合法又高效。同时，行政复议制度还通过复议审查，对行政机关的行政行为进行全面评估，指出存在的问题和不足，为行政机关提供了改进的方向。这种反馈机制促使行政机关不断反思和改进自身工作，提升了行政效能。行政机关在复议过程中积累的经验和教训，也会成为后续工作的重要参考，帮助行政机关避免重复错误，提高工作质量和效率。行政复议制度的存在本身就对行政机关形成了一种潜在的"威慑力"，促使行政机关在行使职权时更加谨慎、规范，避免因不当行为而引发复议，从而在一定程度上减少了行政争议和纠纷，提升了行政效能。

4. 增强行政透明度

行政复议制度的实施显著增强了行政透明度，为公众提供了更多了解政府行为的机会。该制度要求行政机关在复议过程中公开复议程序、复议结果等重要信息，使公众能清晰地看到行政决策的依据、过程及结果。这种信息的公开不仅满足了公众的知情权，也提升了公众对行政行为的监督能力，确保政府行为在阳光下运行。行政透明度的提升，进一步增强了公众对行政机关的信任和支持。当公众能亲眼见证政府行为的公正性和合法性时，他们对政府的信任度自然会提高。这种信任是政府合法性的重要来源，也是政府有效治理的基础。同时，公众对政府的信任还能激发他们更积极地参与社会事务，形成政府与民众之间的良性互动，共同推动社会进步。行政复议制度还促进了政府与民众之间的良好沟通。通过复议程序，公众可以就行政行为提出异议，政府也能及时回应公众关切，解释决策背后的逻辑和考虑。这种双向沟通不仅有助于化解社会矛盾，还能增强政策的可接受性，使政策在执行过程中更加顺畅。

5. 强化责任追究

行政复议制度强化责任追究，明确违法或不当行为需依法担责，为行政机关及工作人员划定行为红线，形成有效震慑。此机制促使他们在行使职权时更加谨慎负责，确保行政行为合法合理，减少违法违纪行为。同时，通过公开复议结果、加强社会监督，进一步凸显责任追究效果，违法者受惩，对其他人员形成警示，维护了行政机关公信力，保护了公民权益。责任追究机制的健全，有效促进了依法行政，提升了政府治理水平。

（三）争议解决功能

行政复议制度的争议解决功能是其核心价值的重要体现，它为行政相对人提供了一个公正、高效的平台，用于解决与行政机关之间的争议和纠纷。视为独立的第三方，行政复议机关能客观、公正地审查行政争议，确保裁决的中立性和公正性，有效避免了利益冲突。在审查过程中，行政复议不仅关注行政行为的合法性，还全面审视其合理性和适当性，深入剖析争议本质，确保争议得到妥善处理。与行政诉讼相比，行政复议程序更加简便、快捷，能在较短时间内作出裁决，有效提高了争议解决的效率，避免了争议久拖不决的情况。通过行政复议解决争议，有助于缓解行政相对人与行政机关之间的紧张关系，减少社会矛盾和冲突，维护社会稳定和谐。同时，行政复议还促使行政机关在复议过程中反思自身行为，发现存在的问题和不足，从而进行自我完善和改进，提升了政府治理能力和水平。行政复议制度还降低了行政相对人解决争议的成本。与行政诉讼相比，行政复议通常不需要支付高额的诉讼费用和律师费用，为行政相对人提供了更为经济、可行的争议解决途径。

二、行政复议的基本原则

行政复议是行政相对人维护自身权益、监督行政机关依法行政的重要途径，其有效实施依赖于一系列基本原则的遵循。这些原则不仅指导着行政复议的全过程，也确保了复议决定的公正性、合法性和合理性。本文将详细阐述行政复议的三大基本原则：合法性原则、公正性原则和效率性原则，以期为行政复议制度的规范运行提供理论支撑和实践指导。

（一）合法性原则

合法性原则是行政复议制度的基石，贯穿于复议全过程。复议依据必须现行有效、公开透明，确保复议决定的权威性。复议程序需严格遵循法定步骤，从申请受理到决定作出，每一环节均需合法合规，保障复议过程的公正透明。复议决定需在法定职权范围内作出，事实认定清晰、证据确凿、法律适用正确，确保决定的合法性。同时，行政复议制度强调对违法行为的纠正，通过撤销、变更或确认无效等方式，维护法律权威，保护行政相对人权益。复议机关依法行使职权，纠正违法行政行为，促使行政机关规范执法，减少不当干预，增强公众对行政复议制度的信任，推动依法行政和法治政府建设。合法性原则确保了行政复议制度的有效运行，为公民提供了公正、透明的救济途径，维护了社会公平正义。

（二）公正性原则

公正性原则是行政复议制度的灵魂，贯穿于复议全过程，确保复议决定的公正性和公信力。它要求复议机关在处理案件时平等对待所有当事人，无论其身份地位如何，均给予充分机会陈述意见、提供证据，保障合法权益不受侵害。复议过程需公开透明，除法定不公开事项外，受理、审理、决定等关键信息应向社会公开，接受监督，增强公信力并促进公众了解信任。复议机关应独立行使职权，不受外界干涉，基于事实和法律独立判断，确保决定客观公正。在行使自由裁量权时，复议机关需遵循合理、公正原则，综合考虑案情及社会影响，作出既合法又合理的决定，体现专业素养与司法智慧，增强决定的可接受性和执行力。公正性原则的遵循，不仅维护了当事人权益，促进了社会公平正义，也提升了复议制度的权威性和社会认可度，为法治政府建设和依法行政奠定了坚实基础。

（三）效率性原则

效率性原则是行政复议制度不可或缺的重要组成部分，它要求行政复议机关在确保公正、合法的前提下，尽可能提高复议工作的效率，以便及时、有效地解决行政争议，保护行政相对人的合法权益。这一原则主要体现在以下几个方面：

1. 简化程序，缩短周期

行政复议机关致力于简化复议程序，以缩短案件处理周期，确保高效解决行政争议。通过优化复议流程，剔除繁琐步骤，减少不必要环节，复议机关能加速案件进展，提高处理效率。同时，明确各环节时限要求，如申请受理、审理、决定等，确保复议工作在预定时间内完成，避免无故拖延。这种效率提升不仅使行政相对人能迅速获得救济，减轻其负担，也体现了复议机关对公众诉求的积极响应和尊重。优化流程与明确时限相结合，复议机关有效缩短了案件处理周期，提升了工作效率，为构建高效、便捷的行政争议解决机制奠定了坚实基础。

2. 快速响应，及时处理

行政复议机关在接到复议申请后，应迅速作出响应，确保及时受理并启动复议程序，体现对行政相对人诉求的重视与尊重。在复议过程中，复议机关需主动积极推动案件审理，通过合理调配资源、优化工作流程等措施，确保案件能高效推进，避免无故拖延现象的发生。复议机关应密切关注案件进展，及时解决审理过程中遇到的问题，确保复议决定能在合理时间内作出，满足行政相对人对复议效率的合理期待。这种快速响应与及时处理的态度，不仅有助于提升复议工作的整体效能，也增强了行政相对人对复议制度的信任与满意度，为构建高效、透明的行政争议解决机制提供了有力支持。

3. 利用技术，提升效能

行政复议机关紧跟信息技术发展步伐，积极运用电子政务平台、大数据分析等现代技术手段，推动复议工作向智能化、自动化转型。电子政务平台的应用，实现了复议申请、受理、审理等环节的在线化、无纸化操作，简化了程序，缩短了处理时间，提高了工作效率。同时，通过平台的数据整合与分析功能，复议机关能更精准地把握案件特点，预测复议趋势，为决策提供科学依据。大数据分析技术的引入，则让复议机关能从海量数据中挖掘有价值的信息，发现潜在问题，优化资源配置。通过数据比对与分析，复议机关能更准确地判断案件性质，预测复议结果，为决策提供数据支持。大数据分析还能帮助复议机关识别复议热点与难点，及时调整工作策略，提升复议工作的针对性和有效性。现代信息技术手段的应用，不仅提高了复议工作的智能化、自动化水平，还显著提升了复议工作的整体效能，使复议机关能更快速、准确地处理案件，更好地满足行政相对人的需求，为构建高效、便捷、透明的行政争议解决机制提供了有力支撑。

4. 强化监督，避免拖延

行政复议机关为确保复议工作高效运行，建立了健全的内部监督机制，对复议案件处理效率进行严密监控和定期评估。通过设立专门监督岗位，明确监督职责，确保复议各环节严格按照法定时限推进，避免无故拖延。同时，采用信息化手段，如案件管理系统，实时跟踪案件进展，及时发现并纠正效率问题。对于无故拖延复议案件的行为，复议机关将依法依规严肃处理，包括但不限于通报批评、责任追究等，形成有效震慑。通过强化监督，复议机关有效提升了工作效率，保障了行政相对人的合法权益，维护了行政复议制度的公信力和权威性。

三、行政复议的程序

行政复议是指行政机关根据公民、法人或者其他组织的申请，就公民、法人或者其他组织与该行政机关及下级机关所实施的具体行政行为发生的争议，进行审查的活动；是行政机关内部自我纠正错误的一种层级监督制度。其程序的规范性和严谨性对于确保复议结果的公正性和合法性至关重要。本文将通过详细阐述行政复议的程序流程，包括复议申请的提出、受理、审理、决定及执行等关键环节，以期为行政复议实践提供清晰的操作指南和理论依据 [1]。

---

[1] 李昌道. 行政复议制研析 [J]. 法制与经济, 1999, (03): 15-16.

（一）复议申请

行复议申请，是指公民、法人或者其他组织认为行政机关的具体行政行为侵犯其合法权益，而依法要求行政复议机关对该具体行政行为进行审查和处理，以保护自己的合法权益的一种意思表示。行政复议申请是行政复议程序的第一个环节，是行政复议受理和作出行政复议决定的前提和基础。公民、法人或者其他组织申请行政复议，必须弄清楚申请行政复议条件、方式以及向谁提出等问题[1]。申请条件明确要求由行政行为的直接利害关系人，即合法权益受侵害的公民、法人或其他组织在法定期限内提出，通常为知道或应当知道行政行为之日起六十日内，除非法律另有规定。申请材料需包括书面申请书，详细载明申请人信息、被申请人名称、复议请求、事实和理由，并附上相关证据材料以支持复议请求。申请方式灵活多样，可通过邮寄、传真、电子邮件或现场提交，现代电子政务平台更提供了在线申请的便利。行政复议机关在收到申请后，需及时审查并决定是否受理，对符合条件者出具受理通知书，对不符合者则出具不予受理决定书并说明理由。这一系列流程确保了复议程序的规范启动，为行政相对人提供了有效的救济渠道，保障了行政复议制度的公正性和有效性。

（二）复议受理

复议受理是行政复议程序的关键步骤，涉及对复议申请的全面审查与决定受理与否。复议机关先进行形式审查，确认申请是否符合法定格式与要求，如书面申请书的提交、必要信息的完整填写及相关证据材料的附带。通过形式审查后，复议机关进而开展实质审查，评估申请是否满足受理条件，包括申请人资格、申请时效性及申请内容的合法性等。若申请符合受理标准，复议机关将

---

[1] 余学明.行政复议申请的提出 [J].江西政报，2000，（02）：39.

出具受理通知书，告知申请人案件已正式受理，并明确复议程序、期限及联系方式等关键信息。同时，复议机关会对案件进行登记与分配，根据案件特性及复杂度，将案件指派给合适的复议人员或团队进行审理。整个受理过程确保了复议程序的规范化与高效性，为后续审理与决定奠定了坚实基础。

（三）复议审理

复议审理是行政复议程序的核心，是对复议申请进行全面、深入审查的关键阶段。根据相关法律法规，公民、法人或其他组织认为行政机关的具体行政行为侵犯其合法权益时，有权提出行政复议申请。行政复议机关在收到申请后，除非申请不符合法定条件，否则必须受理。符合受理条件的行政复议申请需满足以下条件：申请人明确、被申请人符合规定，申请人与具体行政行为有利害关系，有具体的复议请求和理由，在法定申请期限内提出，属于行政复议法规定的复议范围，且属于受理机关的职责范围。同时，同一行政复议申请不得被多个机关重复受理，且未进入行政诉讼程序。若申请材料不齐全或表述不清，行政复议机构可在五日内书面通知申请人补正，逾期无正当理由不补正的视为放弃申请。对于同一事项的多头申请，由最先收到申请的机关受理，或协商确定受理机关，协商不成则由共同上一级机关指定。上级行政机关有权监督下级机关的受理情况，对不予受理理由不成立的，可督促或责令其受理，必要时直接受理；若申请不符合条件，则告知申请人。整个过程中，补正和协商确定受理机关的时间不计入行政复议审理期限[1]。

（四）复议决定

复议决定是行政复议程序的最终成果，是行政复议机关对复议案件审理结果的权威表达。行政复议机构在审理行政复议案件时，需由 2 名以上行政复议

---

[1] 中华人民共和国行政复议法实施条例 [J]. 陕西省人民政府公报，2007，（14）：5-11.

人员参与，并可根据需要实地调查核实证据，对重大、复杂案件可采取听证方式审理。调查取证时，行政复议人员不得少于 2 人，并需出示证件，被调查单位和人员应予配合。申请人可查阅相关材料，原承办部门需提交书面答复及证据材料。涉及专门事项需鉴定的，当事人可自行或申请行政复议机构委托鉴定，费用由当事人承担。申请人可自愿撤回申请，但撤回后不得以同一事实和理由再提申请，除非能证明撤回非真实意思表示。被申请人改变原行政行为不影响审理，除非申请人撤回申请。申请人与被申请人可自愿和解并提交书面协议，和解内容不得损害公共利益和他人权益。行政复议可因特定情形中止或终止，如申请人死亡、丧失能力、法人终止等，中止原因消除后应恢复审理。行政复议机关根据具体情况可维持、履行、撤销、变更或确认行政行为违法，并责令重新作出行政行为。若被申请人未提交书面答复及证据材料，视为无证据依据，应撤销行政行为。行政复议机关可调解行政赔偿、补偿纠纷，调解书经双方签字具有法律效力。行政复议决定不得对申请人更为不利，第三人逾期不履行决定则按行政复议法规定处理 [1]。

（五）复议决定的执行与监督

复议决定的执行与监督是行政复议程序的关键环节，确保复议决定落实与生效。复议决定具有法律效力，行政机关必须严格按时执行，纠正违法或不当行为，维护行政相对人权益。行政复议机关及上级行政机关对执行情况进行监督，确保决定履行，对未执行或执行不当行为采取纠正措施。当事人可通过反映情况、提起行政诉讼等方式监督执行，维护自身权益。同时，推动信息公开，接受社会监督，提升制度公信力。这些措施共同保障复议决定有效执行与监督，维护行政复议制度权威性和公正性。

---

[1] 耿宝建，梁凤云，杨科雄，等 . 全面贯彻党中央决策部署推动新修订《中华人民共和国行政复议法》有效落实 [J]. 经济责任审计，2024，（06）：18-21.

第二节　行政诉讼的基本原理与受案范围

行政诉讼是公民、法人或其他组织对行政机关行政行为不服时寻求法律救济的重要途径，其基本原理与受案范围构成了行政诉讼制度的核心内容。本节将深入探讨行政诉讼的基本概念、性质、基本原则，以及行政诉讼的受案范围，以期全面理解行政诉讼制度的运作机制，为实践中有效维护公民合法权益提供理论支持。

一、行政诉讼的基本原理

（一）行政诉讼的概念与性质

1.行政诉讼概念

行政诉讼是指公民、法人或其他组织不服行政机关的处理决定时，依法向人民法院提起诉讼，取得司法救济的一种制度。这一概念有两层意思：一是行政诉讼是因公民、法人或其他组织不服行政机关的处理决定而提起诉讼，行政诉讼的前提是行政纠纷或行政争议；二是行政诉讼是一种司法制度，通过司法途径来审查行政机关的决策，以保护公民、法人或其他组织的合法权益[1]。

2.行政诉讼性质

行政诉讼性质即"事物的特性和本质"，是"一种事物区别于其他事物的根本属性"，是事物一般性和特殊性的辩证统一。性质是事物的内在规定性，"质是使事物成为它自身并使该事物同其他事物区别开来的内部规定性。质和事物的存在是同一的，特定的质就是特定的事物存在本身"。一件事物或者一

---

[1]《行政诉讼法》常识问答 [J]. 江西政报，1990，（06）：31-32.

类事物的"本质"就是指它的那样一些性质，这些性质一经变化就不能不丧失事物自身的同一性。从性质概念在哲学意义上的内涵可知，行政诉讼的性质是指行政诉讼这样一种客观存在的社会制度的根本属性，它既表明行政诉讼是一种法律制度的一般性，又表明行政诉讼区别于其它法律制度的特殊性。

（1）行政诉讼性质是行政诉讼的内在规定性

行政诉讼性质与行政诉讼制度的存在是同一的，即有行政诉讼制度必有这样的性质；具备某些特定性质的事物一定是行政诉讼制度。不同国家的行政诉讼制度表现形式不同，名称也不尽一致，如果仅从表象判断，无法进行深入的比较研究。行政诉讼的本质为人们解决了这一问题，不管名称为何，表现怎样，只要在本质上具有共性就是行政诉讼制度。

（2）行政诉讼性质通过行政诉讼现象表现出来

本质是看不见、摸不着的，是通过思维抽象得出的结论，认识行政诉讼的本质只能从行政诉讼现象入手，运用科学的分析方法拨开覆盖在现象表面的面纱，才能看清事物的本来面目，不能简单地将行政诉讼现象视为行政诉讼的本质。

（3）行政诉讼性质具有稳定性

决定行政诉讼性质的是行政诉讼内部的矛盾关系，只要基本矛盾没有改变，行政诉讼性质就不会改变。稳定性下蕴涵着复杂性，矛盾不同方面的相互转化和斗争决定行政诉讼性质表现的重点不同。行政诉讼性质的稳定性为人们正确认识行政诉讼性质提供了可能性，行政诉讼内部矛盾的复杂性为人们认识特定历史条件下行政诉讼性质带来了困难。

（4）行政诉讼性质具有多元性

行政诉讼的性质并非是单一、唯一的，而是具有多个方面的性质，即在某一层次上的本质表现为多个方面。"多元的法律本质相应地支配着多元的法律现象"；反过来看，多元的法律现象反映多元的法律本质。多元本质之间并没有轻重之分、本质与非本质之别。只是在特定的历史条件下，某一方面的本质表现更突出。

（5）行政诉讼性质具有层次性

正确认识行政诉讼的性质，先要认识其多元本质，其次，要认清其多层次的本质。行政诉讼性质的多元性与多层次性是不同的，多元性从横的方面反映行政诉讼性质，多层次性从纵的方面反映行政诉讼性质[1]。

（二）行政诉讼的基本原则

行政诉讼的基本原则确保诉讼公正、合法与高效。合法性原则要求诉讼活动严格依法进行；公正性原则保障双方地位平等，法院公正审理；公开性原则提升诉讼透明度；独立审判原则确保审判不受外界干涉；效率原则强调诉讼及时高效，减轻当事人负担；当事人诉讼权利平等原则保障双方权利；法院监督行政机关依法行政原则维护法律权威。这些原则相互关联，共同指导行政诉讼，保障公民、法人和其他组织权益，促进法治社会建设。

（三）行政诉讼与行政复议的关系

行政诉讼与行政复议是行政救济的两大途径，互补性强。行政复议因其便捷性成为首选，而行政诉讼则凭借司法权威性和终局性提供全面救济。两者程序上紧密衔接，行政复议常是行政诉讼前置，明确争议焦点，提高诉讼效率，同时保留行政诉讼救济途径。尽管在程序、主体、救济方式等方面存在差异，但两者共同维护合法权益、监督依法行政、推动法治政府建设。行政复议侧重内部纠错，行政诉讼强调司法审查，两者相辅相成，完善了我国行政救济制度，为行政相对人提供了多层次、有效的法律救济，促进了社会公平正义和法治进步。

---

[1] 孔繁华. 行政诉讼性质研究 [J]. 武汉大学学报（哲学社会科学版），2009，62（01）：37-40.

二、行政诉讼的受案范围

行政诉讼的受案范围是指人民法院依法受理和审理行政案件的具体界限，它直接关系到公民、法人或其他组织在何种情况下可以通过行政诉讼途径寻求法律救济。明确行政诉讼的受案范围，对于保障行政相对人的诉权、监督行政机关依法行政具有重要意义。接下来，本文将详细探讨行政诉讼的受案范围，包括受案范围的确定标准、具体行政行为的可诉性、抽象行政行为的附带审查以及特殊类型行政行为的受案问题等内容。

（一）受案范围的确定标准

行政诉讼的受案范围依据多重标准综合确定，首要考虑的是具体行政行为标准，即主要针对行政机关针对特定人或事作出的具体处理决定引发的争议。受案范围是启动行政诉讼程序的基础，它关系到公民权利保护的力度，规制着审判权与行政权的关系，也是行政诉讼法实施以来争议最多、分歧最大的问题。最高人民法院在 1991 年最高人民法院《关于贯彻执行〈中华人民共和国行政诉讼法〉若干问题的意见（试行）》（以下简称《若干意见》）和 2000 年最高人民法院《关于执行〈中华人民共和国行政诉讼法〉若干问题的解释》（以下简称《若干解释》）这两次对行政诉讼法所作的较为全面的司法解释中就相当重视对受案范围的解释。

关于行政诉讼的受案范围的含义，通说认为行政诉讼的受案范围是"法院的主管范围，是指人民法院受理行政案件的范围，即法律规定的，法院受理审判一定范围内行政案件的权限。"也有学者认为"是法院受理行政案件，裁判行政争议的范围。"可以这样理解，行政诉讼的受案范围是指在法治环境当中司法机关对行政行为拥有的司法审查权限的大小；或者说，是行政相对人能通过司法程序对造成自身不利的行政行为进行司法救济资源的多寡。实质上既标志着司法权与行政权的界限和关系，也反映着公民、法人和其他组织即行政管理相对人的权利受法律保护的范围。从"范围"一词可以看出，并不是行政机关的全部行政行为都是可以起诉的，也并非所有的行政案件都由行政诉讼来处理解决[1]。

（二）具体行政行为的可诉性

具体行政行为的可诉性，是行政诉讼制度的核心要素之一，它确保了当行政机关的具体行政行为侵犯公民、法人或其他组织合法权益时，这些主体能依法向人民法院提起诉讼，请求对行政行为进行司法审查。这种可诉性主要基于法律明确性、实际影响性、特定性与处分性以及行政主体适格性等多方面的考量。法律明确要求具体行政行为符合行政诉讼法的受案范围，且对行政相对人权益造成侵犯，方可提起诉讼。实际影响性强调行政行为必须对行政相对人的权利义务产生实际影响，无论是直接还是间接影响，均可能成为可诉对象。再者，特定性与处分性指出，行政行为需针对特定对象作出具体处理决定，并对行政相对人权利义务进行处分，才具备可诉性。最后，行政主体适格性要求作出行政行为的机关必须具备法定职权，否则行为可能因违法而可诉。

（三）抽象行政行为的附带审查

抽象行政行为在行政诉讼中虽不直接为诉讼对象，但行政相对人在对具体行政行为提起诉讼时，可请求人民法院对其依据的抽象行政行为进行附带审查。这一制度设计旨在全面保护行政相对人权益，监督行政机关依法行政，并提高司法效率。附带审查主要关注抽象行政行为的合法性，包括制定主体权限、内容合规性及程序正当性等方面。若抽象行政行为被认定为违法，人民法院虽不直接撤销或改变其效力，但可在具体行政行为的裁判中不予适用，并通过裁判理由阐明其违法性。此举间接促使行政机关自我纠正，确保抽象行政行为的合法性与合理性。同时，附带审查制度也体现了司法权对行政权的监督与

---

[1] 廖妙 . 也谈行政诉讼的受案范围 [J]. 行政事业资产与财务，2013，（18）：206-207.

制约，促进了行政机关依法行政，提升了行政管理的规范性与公信力。将抽象行政行为的审查融入具体行政行为诉讼中，避免了重复诉讼，提高了司法资源的利用效率，实现了诉讼经济与社会效益的双重提升。

（四）特殊类型行政行为的受案问题

在行政诉讼领域，除了一般行政行为外，特殊类型行政行为的受案问题同样值得关注。行政协议是行政机关与公民、法人或其他组织协商订立的协议，已明确纳入行政诉讼受案范围，为当事人提供了救济途径。内部行政行为虽传统上被视为不可诉，但随着法治发展，若其对外部当事人权益产生实际影响，也可能被纳入受案范围。过程性行为通常不可诉，但若对当事人权益产生实际影响，亦可能被视为可诉。终局行政行为在特定领域具有终局性，但存在重大违法情形时，仍可通过其他途径寻求救济。对于新型行政行为，如政府购买服务、PPP项目合同等，其受案问题需结合具体情况和立法精神进行个案分析。法院在判断特殊类型行政行为是否可诉时，会综合考虑案情、行为性质及对当事人权益的影响，确保行政诉讼制度的有效运行和公民权益的充分保护。

三、行政诉讼受案范围的扩大趋势

随着社会法治化进程的加速和公民法律意识的增强，行政诉讼受案范围呈现出不断扩大的趋势。这一趋势不仅反映了法治国家对公民权益保护的日益重视，也体现了行政诉讼制度在适应社会发展需求、推动依法行政方面的积极作用。本文将详细探讨行政诉讼受案范围扩大的背景与意义、具体表现以及面临的挑战与对策，以期为进一步完善行政诉讼制度、促进法治政府建设提供参考。

（一）受案范围扩大的背景与意义

行政诉讼受案范围的扩大，是社会法治化进程加速与公民法律意识增强的必然结果，具有深远背景与重要意义。随着法治国家建设的推进，对公民权利保护的需求日益增长，行政诉讼是关键救济途径，其受案范围的拓宽成为法治建设的重要一环。公民法律意识的提升，促使更多人寻求法律途径维护权益，进一步推动了受案范围的扩大。同时，行政管理创新带来的新型行政行为，如行政协议、政府购买服务等，也要求行政诉讼纳入这些新领域的争议，以实现对行政管理的全面监督。这一趋势不仅加强了公民权利保护，减少了行政权滥用，还促进了行政机关依法行政，提升了政府公信力，更有助于构建完善的行政监督体系，推动法治政府建设，实现国家治理现代化。

（二）受案范围扩大的具体表现

行政诉讼受案范围的扩大，具体表现在多个维度。新型行政行为如行政协议、政府购买服务等逐渐纳入受案范围，反映了行政诉讼对新型行政管理方式的监督与适应。内部行政行为若对外部当事人权益产生实际影响，亦被视为可诉，体现了行政诉讼对实际影响的关注与回应。过程性行为在特定条件下可附带审查，强调了对行为实质影响的重视。同时，抽象行政行为的附带审查力度加强，确保具体行政行为合法性基础，展现了行政诉讼的全面监督理念。最后，公益诉讼的兴起，使得检察机关、社会组织等可提起针对损害公共利益行政行为的诉讼，进一步拓宽了受案范围，凸显了行政诉讼在维护公共利益方面的重要作用。这些变化共同体现了行政诉讼制度在适应社会发展、加强公民权利保护、促进依法行政方面的积极进展。

（三）受案范围扩大面临的挑战与对策

行政诉讼受案范围扩大面临法律滞后、司法资源紧张等挑战。为应对这些挑战，需加快立法修法，为新型行政行为提供法律依据；优化司法资源配置，提升审理效率与质量；加强法官培训与能力建设，提高专业处理能力；强化利益协调机制，确保诉讼结果公正；推动多元化纠纷解决机制，如行政调解、裁决等，减轻司法压力。这些措施将确保行政诉讼制度在受案范围扩大背景下健康运行，有效维护公民权利，促进依法行政，推动法治政府建设。

第三节　行政诉讼的审理程序与判决

行政诉讼的审理程序与判决是行政诉讼制度的核心环节，它们直接关系到行政诉讼案件的公正、高效处理以及当事人合法权益的有效保障。本节将深入探讨行政诉讼的审理程序，包括审理前的准备、一审程序、二审程序及再审程序，并详细阐述行政诉讼的判决类型、作出方式及执行机制，以期为行政诉讼实践提供全面的指导和参考。

一、行政诉讼的审理程序

（一）审理前的准备

行政诉讼审理前的准备工作是确保案件顺利审理的关键步骤。法院先需对案件进行受理与审查，确认符合受理条件后正式立案，并通知双方当事人。随后，法院会及时送达相关法律文书，确保双方了解诉讼权利和程序。在庭审前，法院会组织证据交换与整理，促进双方了解证据情况，为庭审质证和辩论做准备。对于复杂疑难案件，法院还可能召开庭前会议，梳理案件争议焦点，促进双方沟通与协商。同时，法院会确定合议庭成员，并公告案件审理信息，保障公众旁听与监督权利。这些准备工作不仅为庭审顺利进行奠定了基础，也充分保障了当事人的诉讼权利，提升了案件审理的公正性和效率。

（二）一审程序

行政诉讼的一审程序是全面审查案件事实、证据及法律适用的关键环节，它始于开庭审理，法院依法组织公开审理，确保双方当事人充分陈述、举证、质证和辩论。法庭调查深入核实案件事实与证据，通过询问证人、鉴定人等方式，确保案件审理的准确性。法庭辩论则围绕争议焦点展开，促进双方充分表达观点，法院引导辩论方向。合议庭评议后，依法作出裁决，判决明确载明结果、理由及法律依据，并告知上诉权利。最后，法院依法宣判并送达判决书，确保当事人及时了解审理结果。整个一审程序严谨有序，旨在保障当事人权益，维护法律公正。

（三）二审程序

行政诉讼的二审程序是在一审判决后，当事人对判决不服时向上级法院提起上诉的审理过程。该程序旨在全面审查一审判决，纠正错误，确保案件公正处理。当事人需在法定期限内提交上诉状及证据材料，上级法院审查后决定是否受理。一旦受理，上级法院将要求下级法院移送案件卷宗，进行全面审查，包括事实认定、法律适用及程序合法性。根据案件情况，二审法院可选择开庭审理或书面审理，开庭审理时组织双方辩论，调查事实；书面审理则依据案卷材料审查。审查后，二审法院依法作出维持原判、改判或撤销原判发回重审的判决，并宣判送达。二审判决为终审判决，除特殊情况外，当事人不得再上诉。二审程序不仅为当事人提供了救济途径，也确保了行政诉讼案件的公正、合理处理，维护了法律的权威性和统一性。

（四）再审程序

行政诉讼的再审程序是纠正生效裁判错误、保障当事人合法权益的重要救济途径。当事人若认为已生效判决、裁定确有错误，可在法定期限内向法院提出再审申请，提交书面申请书及相关证据材料。法院受理后，将对申请进行审查，评估是否存在法定再审事由或新证据。若决定启动再审，法院将重新组成合议庭审理案件，全面审查事实、证据及法律适用，并听取双方辩论。再审结束后，法院将依法作出再审判决，可能是维持原判、改判或撤销原判发回重审。再审判决具有法律效力，当事人应依法履行。再审程序确保了司法公正，维护了当事人权益，是行政诉讼制度中不可或缺的一环。

二、行政诉讼的判决

行政诉讼的判决是行政诉讼程序的核心环节，它不仅是法院对案件审理结果的正式表达，也是当事人权利义务的最终确定。判决的公正性、合法性和准确性直接关系到行政诉讼制度的权威性和公信力。下面将详细探讨行政诉讼的判决类型、判决的作出方式以及判决的执行机制，以期为行政诉讼实践提供有益的指导和参考。

（一）判决的种类

行政诉讼判决种类繁多，旨在根据不同案情作出合法合理裁决。维持判决认可依法行政行为，撤销判决纠正违法或不当行为，变更判决调整显失公正的处罚，确认判决认定行为违法或无效，履行判决督促行政机关履行职责，驳回诉讼请求判决则针对无理诉求。这些判决类型体现了行政诉讼对行政行为合法性的严格审查，以及对当事人权益的全面保护。法院根据案情选择适当判决，维护公平正义，监督行政权，促进依法行政，确保社会秩序与公共利益。每种判决均遵循法律规定，确保裁决公正、合理、有效。

（二）判决的作出

在行政诉讼中，判决的作出是法院对案件全面审理后的最终裁决，过程严谨且复杂。法院组织双方当事人举证、质证，通过法庭调查、辩论等方式查清案件事实，确保判决依据的事实清楚、证据确凿。法院根据相关法律法规对案件进行法律适用分析，判断行政行为的合法性，确保判决的合法性。同时，法院还会审查案件审理程序是否符合法定要求，保障诉讼过程的公正性。完成事实认定、法律适用及程序审查后，合议庭将对案件进行评议，形成一致或多数意见。法院指定专人撰写判决书，详细载明案件情况、判决结果及理由，并经内部审批程序确保判决的合法性和准确性。最后，法院依法宣告判决，并将判决书送达双方当事人，确保当事人及时了解案件审理结果。整个判决作出过程体现了法院对案件审理的严谨态度和对当事人权益的充分保障。

（三）判决的执行

行政诉讼判决的执行是保障司法权威与当事人权益的关键环节，涉及执行主体、方式、程序及监督等多方面。执行主体通常为人民法院及其执行机构，负责具体执行工作，必要时可要求行政机关协助。执行方式依据判决内容而定，如撤销、变更行政行为或强制执行等。执行程序包括申请执行、执行通知、执行实施等步骤，确保执行活动合法、公正。同时，人民法院及上级行政机关对执行过程进行监督，确保执行主体合法、程序规范、措施适当，及时纠正问题，保障判决内容全面落实。这一系列执行机制共同确保了行政诉讼判决的有效执行，维护了司法权威与当事人合法权益。

三、行政诉讼中的特殊问题

在行政诉讼的实践中，除了常规的审理程序与判决执行外，还存在一些特殊问题，这些问题往往涉及更为复杂的法律关系和更高的专业要求，对行政诉讼制度提出了新的挑战。深入探讨行政诉讼中的几个特殊问题，包括行政赔偿与行政补偿、行政附带民事诉讼以及涉外行政诉讼等，以期为行政诉讼制度的完善提供有益参考。

（一）行政赔偿与行政补偿

行政赔偿与行政补偿是行政诉讼中不可或缺的权利救济制度，它们针对的是因行政行为导致的公民、法人或其他组织权益受损情况。行政赔偿针对的是违法行政行为造成的损害，由国家承担赔偿责任，其构成要件包括行政行为违法、损害结果实际发生及违法行为与损害结果的因果关系，赔偿范围涵盖人身、财产及精神损害，程序上涉及赔偿请求的提出、处理及与行政复议、行政诉讼的衔接，赔偿标准综合考虑损害程度、受害人经济状况等因素。而行政补偿则针对依法行政行为造成的损失，补偿原则强调合法性、公平公正及时有效，补偿范围限于财产损失，程序包括补偿申请、决定、协议签订与履行，补偿标准依据损失程度、社会经济发展水平等确定。两者虽前提不同，但均体现了国家对公民权益的尊重和保护，促进了行政机关依法行政，减少了社会矛盾，推动了法治政府建设和社会公平正义。

（二）行政附带民事诉讼

行政附带民事诉讼制度允许在行政诉讼过程中，对与行政行为紧密相关的民事争议进行一并审理，旨在提升诉讼效率，减轻当事人负担，确保争议全面解决。该制度强调民事诉讼的"附带性"，即其依赖于行政诉讼的存在，处理因行政行为引发的民事法律关系变化。审理时，法院需区分行政与民事争议，分别适用行政诉讼法与民事诉讼法，确保裁决协调一致。提起附带民事诉讼需满足特定条件，如争议直接关联行政行为且当事人提出请求。法院根据具体情况决定是否受理，力求在行政诉讼中一并解决民事争议，若条件不符则可能要求另行起诉。此制度有效降低了诉讼成本，保护了当事人权益，维护了司法公正，对提升诉讼效率、减少诉累具有重要意义。

（三）涉外行政诉讼

涉外行政诉讼特指在我国领域内，外国人、无国籍人或外国组织针对我国行政机关及其工作人员的行政行为提起的行政诉讼，其特殊性显著。诉讼主体的涉外性要求法院在审理时充分考虑不同法域间的法律差异和文化背景，确保审判公正合理。法律适用的复杂性体现在涉外行政诉讼涉及国际条约、国际惯例及我国法律的综合应用，法院需合理确定法律适用规则，确保判决合法且具有国际认可度。程序要求的特殊性，如外国当事人的诉讼代理、证据认证及文书送达等，旨在保障其诉讼权利，确保审判公正透明高效。最后，判决执行的国际性要求法院在作出判决时，充分考虑判决在国际上的可执行性和认可度，以维护外国当事人的合法权益。涉外行政诉讼不仅考验中国司法制度的完善度，也体现我国司法体系的开放性和国际化水平，对于促进国际法治交流与合作具有重要意义。

第四节　行政复议与行政诉讼的衔接与互动

行政复议与行政诉讼是行政救济的两大支柱，在维护公民权益、监督行政机关依法行政方面发挥着重要作用。两者之间的有效衔接与互动，不仅能提升行政救济的效率与质量，还能促进法治政府建设，增强司法公信力。本节将深入探讨行政复议与行政诉讼的衔接机制、互动关系，以及完善两者衔接与互动的建议，以期为构建更加高效、和谐的行政救济体系提供理论支持与实践指导。

一、行政复议与行政诉讼的衔接机制

（一）复议前置与复议选择

行政复议与行政诉讼的衔接机制中，复议前置与复议选择原则相辅相成，共同指导当事人合理选择救济途径。复议前置原则要求特定类型行政争议在提起行政诉讼前须先经行政复议，旨在通过内部救济途径先行解决争议，提高效率，减轻司法负担，并促进依法行政。而复议选择原则则赋予当事人自由选择行政复议或行政诉讼的权利，尊重其程序选择权，体现行政救济的灵活性。复议前置优化资源配置，复议选择满足多元需求，两者共同作用，促进行政复议与行政诉讼的有效衔接与互动，为当事人提供更加便捷、高效的行政救济途径。

（二）复议与诉讼的受理衔接

行政复议与行政诉讼在受理上的衔接，是确保行政救济体系顺畅运行的关键。行政复议决定在法定期限内未被提起行政诉讼或被维持的，即具有法律效力，当事人应履行。若对复议决定不服，当事人可在法定期限内提起行政诉讼，此时复议决定成为诉讼审查对象。行政诉讼受理需满足一定条件，如原告适格、明确被告等，且部分案件需以复议为前置程序。在提起行政诉讼时，当事人需提交复议决定书等材料是法院审查复议决定合法性的依据。诉讼期间，原则上行政行为不停止执行，但特定情况下可裁定停止。同时，行政复议机关与法院可建立信息共享与沟通机制，促进复议与诉讼的顺畅衔接，提高行政救济体系整体效能。这些衔接机制共同确保了行政救济体系的连贯性和有效性，维护了当事人的合法权益。

（三）复议与诉讼的证据衔接

在行政复议与行政诉讼的衔接中，证据的衔接关乎案件审理的连续性和公正性。行政复议过程中收集、认定的证据，在行政诉讼中通常具有通用性，避免了资源浪费和重复劳动，提高了诉讼效率。同时，根据诉讼需要，当事人可在行政诉讼中补充或强化证据，以更全面地反映案件事实。无论是行政复议还是行政诉讼，均遵循统一的证据标准，即证据须具备真实性、合法性和关联性，以确保证据认定的公正性。在行政诉讼中，法院会对行政复议阶段的证据进行审查，并根据证据效力综合判断其是否采纳。为确保证据的有效衔接，需采取一系列保障措施，如行政复议机关应严格依法收集、认定证据，确保证据合法、真实；同时，行政复议机关与法院应建立信息共享机制，及时沟通证据情况，避免遗漏或重复提交。通过这些措施，行政复议与行政诉讼在证据上的衔接得以加强，为案件审理的连续性和公正性提供了有力保障。

二、行政复议与行政诉讼的互动关系

行政复议与行政诉讼是行政救济的两大支柱，在维护公民权益、监督行政机关依法行政方面发挥着重要作用。两者之间的互动关系不仅体现在程序上的衔接上，更在于功能上的互补与促进。通过深入探讨行政复议与行政诉讼之间的互动关系，包括复议对诉讼的预处理作用、诉讼对复议的监督与纠正作用，以及两者之间的相互补充与促进，以期为构建更加高效、和谐的行政救济体系提供理论支持与实践指导。

（一）复议对诉讼的预处理作用

行政复议是行政诉讼的前置程序，对诉讼发挥着重要的预处理作用。通过初步筛选与过滤，减少了不必要的诉讼，提高了行政救济体系的效率。在复议过程中，复议机关全面调查案件事实，明确争议焦点，并准确适用法律依据，为后续行政诉讼提供了清晰、准确的事实基础和法律支撑。同时，复议机关还积极促进和解与调解，力求在诉讼前解决争议，维护和谐关系，减轻司法负担。复议机关的处理结果也为行政诉讼提供了有价值的决策参考，有助于法院更高效地作出裁决。

（二）诉讼对复议的监督与纠正

行政诉讼是行政复议的监督与纠正机制，其权威性、统一性和公正性在行政救济体系中至关重要。行政诉讼通过司法审查，确保行政复议决定的合法性与合理性，对违法或不当决定进行纠正，维护了行政行为的法治基础。同时，行政诉讼强调法律适用的统一，避免行政复议中的法律适用错误，维护了法治的统一和尊严。在程序上，行政诉讼保障程序正义，对行政复议程序进行审查，确保其公正性和合法性。行政诉讼还为当事人提供了更全面的权利救济途径，确保当事人权益得到切实保障。最终，通过行政诉讼的监督与纠正，促使行政机关规范行政行为，提升执法质量，维护社会公平正义。行政诉讼的这些作用共同促进了行政救济体系的完善，提升了行政执法的公信力和效率。

（三）复议与诉讼的相互补充与促进

行政复议与行政诉讼在行政救济体系中相互补充、相互促进，共同提升了公民权益保护水平。行政复议以其简便高效的程序，迅速回应公民诉求，纠正行政机关违法或不当行为；而行政诉讼则通过司法审查，为公民提供权威、终局的权利救济，确保行政行为合法合理。两者功能互补，使行政救济体系更趋完善。在实践中，行政复议为行政诉讼提供案件基础与事实依据，行政诉讼则监督并纠正行政复议决定，促进复议机关规范操作，提升复议质量。这种相互促进不仅增强了行政救济效能，还推动了法治政府建设。两者结合，为公民构建了迅速响应与权威救济的双重保障，提升了公民权益保护水平，促进了社会和谐稳定。

三、完善行政复议与行政诉讼衔接与互动的建议

为进一步优化行政复议与行政诉讼的衔接机制，增强两者之间的互动效果，提升行政救济体系的整体效能，提出以下建议，旨在通过制度创新和机制完善，促进行政复议与行政诉讼的和谐共生，更好地维护公民合法权益，推动法治政府建设。

（一）加强复议与诉讼的制度衔接

为完善行政复议与行政诉讼的衔接机制，需加强制度衔接。应明确复议前置与复议选择的适用范围，通过立法或司法解释提供明确指引，减少制度模糊。统一复议与诉讼的证据标准，制定统一证据规则，确保案件审理的连续性

和公正性。同时，建立信息共享机制，实现案件信息、证据材料等的及时互通，提高审理效率。还需完善衔接程序，细化复议决定送达、诉讼提起、证据提交等流程，并制定处理规则应对衔接中的问题。加强人员交流与培训，增进复议机关与法院间的理解与合作，提升办案能力，确保复议与诉讼工作的质量和效率。这些措施共同促进了行政复议与行政诉讼的制度衔接，优化了行政救济体系，提升了公民权益保护水平。

（二）提升复议机构的独立性与专业性

为加强行政复议与行政诉讼的衔接与互动，需着重提升复议机构的独立性与专业性。应立法明确复议机构的独立地位，避免其受行政机关不当干预，并建立隔离机制，确保复议决定的公正性。复议机构应配备专业法律与行政管理人才，加强业务培训，引入专业人才，并建立资格认证制度，提升复议队伍的专业素养。同时，完善复议程序与规则，确保复议工作的规范性和透明度，加强听证、调查等程序，保障复议决定的公正合理。强化复议决定的执行与监督，建立执行与监督机制，依法追究拒不执行者的法律责任，加强监督评估，提升复议质量效率。最后，推动复议信息化建设，利用现代信息技术提升复议工作的便捷性、效率与智能化水平。这些措施共同促进了复议机构的独立性与专业性提升，为行政复议与行政诉讼的有效衔接与互动提供了有力保障。

（三）优化复议与诉讼的程序设计

为了加强行政复议与行政诉讼的衔接与互动，需优化复议与诉讼的程序设计。应简化复议程序，明确时间节点和流程要求，减少行政干预和拖延，提高复议效率，如引入快速复议程序处理简单案件。强化诉讼引导，明确复议决定中的诉讼路径和要求，确保当事人能及时、准确地提起行政诉讼。同时，加强证据衔接，建立证据共享机制，避免重复举证，提高诉讼效率。统一法律适用，减少复议与诉讼间的法律冲突，加强复议机关与法院间的沟通与协调。强化调解与和解，鼓励当事人协商解决争议，促进案结事了，及时制作调解书或和解协议，实现争议有效解决。这些优化措施共同提升了复议与诉讼的衔接效率与质量，降低了当事人诉讼成本，促进了法治政府建设。

（四）加强复议与诉讼的法治宣传与教育

为了加强行政复议与行政诉讼的衔接与互动，提升公众对行政救济制度的认知与信任，加强法治宣传与教育显得尤为关键。通过电视、广播、网络等多媒体渠道普及法律知识，增强公民法治意识，鼓励其在权益受损时积极寻求法律救济。同时，针对行政复议机关、法院及律师等从业人员，定期举办专题培训，提升其专业素养和业务能力，确保行政救济工作的专业性和高效性。推广法治文化，举办法治讲座、知识竞赛等活动，营造尊法学法守法用法的良好社会氛围。建立法治宣传长效机制，将法治宣传纳入日常工作，确保普法工作持续、有效推进。同时，加强国际交流与合作，学习借鉴国际先进经验，不断完善我国行政复议与行政诉讼制度。这些措施共同促进了行政复议与行政诉讼的有效衔接，增强了公众对行政救济制度的信任与支持，为构建法治社会、推动依法行政奠定了坚实基础。

Chapter 6

第六章

行政赔偿与行政补偿制度

行政赔偿与行政补偿制度是行政法领域的重要组成部分，是保障公民、法人或其他组织因行政行为遭受损失时获得合理补偿的重要机制。本章将深入探讨行政赔偿与行政补偿的基本概念、构成要件、程序规定以及实践中的挑战与对策，以期为完善我国行政赔偿与行政补偿制度、切实保障公民合法权益提供理论支持与实践指导。

第一节　行政赔偿的构成要件与范围

行政赔偿是行政法上的一项重要制度，旨在保障公民、法人或其他组织因行政机关及其工作人员的违法行为遭受损害时能获得合理赔偿。为了明确行政赔偿的适用条件和范围，本节将深入探讨行政赔偿的构成要件与赔偿范围，以期为行政赔偿制度的实践应用提供清晰的指导。

一、行政赔偿的构成要件

（一）行政行为违法性

就当前我国学界对行政不作为违法的界定概括起来主要有下列观点：第一种，行政不作为是指行政主体依行政相对人的合法申请，应当履行也有可能履行相应的法定职责，但却不履行或者拖延履行的行为形式。第二种，行政不作为是行政机关不履行法定职责的行为。第三种，行政不作为是行政主体负有作为的法定义务而在程序上消极的不为状态。第四种，行政不作为违法是指行政机关在方式或内容上有积极作为的义务，但其不为的状态[1]。

行政行为违法性是行政赔偿的构成要件，要求行政机关及其工作人员在行使职权时严格遵守法律法规。当行政行为超越职权、滥用职权、违反法定程序、事实认定错误或适用法律错误时，均构成行政行为违法，侵犯公民、法人或其他组织合法权益的，需承担行政赔偿责任。超越职权指行政机关超出法定权限范围行事；滥用职权则涉及不正当目的或不适当手段的使用；违反法定程序包括未遵循调查取证、听证等必要步骤；事实认定错误可能导致合法行为被误判为违法；适用法律错误则指错误引用法律法规。这些违法情形均构成行政赔偿

---

[1] 朱新力. 论行政不作为违法 [J]. 法学研究，1998，（02）：118–126.

的前提，体现了对行政机关依法行政的严格要求和对公民权益的充分保护。

（二）损害结果的实际发生

损害结果的实际发生是行政赔偿的重要构成要件，要求行政行为不仅违法，且必须已对公民、法人或其他组织的合法权益造成具体、可量化的实际损害。这种损害涵盖人身损害、财产损害及精神损害等多个方面。人身损害涉及身体伤害、残疾乃至死亡，严重影响受害者生活质量和社会功能；财产损害则包括直接和间接损失，如罚款、没收财物及生产经营受阻导致的经济损失；精神损害则指因行政行为引发的严重精神痛苦或心理创伤。损害结果的实际发生确保了行政赔偿的针对性和实效性，只有当行政行为确实造成实际损害时，方可启动赔偿程序，要求行政机关担责。这一要求有效防止了赔偿权利的滥用，维护了行政赔偿制度的公正与可持续，同时促使行政机关在行使职权时更加谨慎负责，推动依法行政，促进法治政府建设。

（三）违法行为与损害结果之间的因果关系

违法行为与损害结果之间的因果关系是行政赔偿的关键构成要件，它要求两者间存在直接、必然的联系。直接因果关系表现为违法行为直接导致损害结果，如违法拆除房屋引发财产损失。必然因果关系则强调违法行为是损害发生的必要条件，排除其他干扰因素。相当因果关系则基于社会一般经验，认为违法行为在通常情况下足以导致损害。判断因果关系时，需综合考虑违法行为的性质、损害特点、时间顺序，并排除受害人过错、第三人行为等干扰因素，确保因果关系的准确与公正。这一构成要件确保了行政赔偿的针对性和合理性，维护了公民合法权益，促进了社会公平正义。

二、行政赔偿的范围

行政赔偿的范围是行政赔偿制度中的核心内容，它明确了哪些损害属于行政赔偿的覆盖范畴。了解行政赔偿的范围，对于公民、法人或其他组织在合法权益受到行政行为侵害时，能否获得赔偿以及获得何种赔偿具有决定性作用。下面详细探讨行政赔偿的具体范围，包括人身损害赔偿、财产损害赔偿以及精神损害赔偿等方面，以期为行政赔偿实践提供明确指导。

（一）人身损害赔偿

人身损害赔偿是行政赔偿制度的核心内容，旨在全面补偿因行政行为导致的公民身体或生命健康权侵害。赔偿范围广泛，包括医疗费用、误工费、残疾赔偿金、死亡赔偿金与丧葬费以及精神损害赔偿等。医疗费用确保受害者得到及时救治；误工费补偿因伤导致的收入损失；残疾赔偿金关注受害者未来生活需求；死亡赔偿金与丧葬费则针对极端情况提供经济补偿与精神慰藉；精神损害赔偿则针对非物质损害提供救济。这些赔偿项目共同构成了人身损害赔偿的完整体系，旨在确保受害者得到全面、合理的补偿，维护其合法权益，同时促进行政机关依法行政，推动法治政府建设。

（二）财产损害赔偿

财产损害赔偿是行政赔偿制度的重要组成部分，旨在全面补偿因行政行为给公民、法人或其他组织财产权益造成的损害。赔偿范围广泛，包括直接财产损失、间接财产损失及可得利益损失。直接财产损失指行政行为直接导致的财产毁损、灭失或价值减少，应全额赔偿以恢复财产权益。间接财产损失则涉及行政行为引发的连锁反应导致的损失，如企业因违法吊销营业执照而遭受的利润损失，需合理评估后赔偿。对于行政行为导致的可得利益丧失，如预期收益减少，亦应纳入赔偿范围。赔偿时应遵循公平、合理原则，确保受害者得到全面、充分的补偿，同时保障赔偿程序的公开透明，维护受害者知情权和参与权，促进法治政府建设。

（三）精神损害赔偿

精神损害赔偿在行政赔偿制度中占据重要地位，旨在弥补因行政机关违法行为给受害者造成的精神痛苦和心理创伤。其适用条件包括行政行为违法性确认、严重精神损害发生及损害与违法行为间的直接因果关系。赔偿金额的确定需综合考虑精神损害程度、社会影响、行政机关过错程度等因素，并参考类似案例，确保赔偿公正合理。尽管精神损害赔偿金额常低于物质赔偿，但这反映了精神损害评估的复杂性和主观性。受害者需提供充分证据，如医疗证明、心理咨询记录等，以证明精神损害的存在和程度。法院在审理中注重受害者心理状态评估，确保赔偿决定的人性化和公正性。精神损害赔偿不仅体现了对受害者非物质损害的尊重，也推动了行政赔偿制度的完善，对保障受害者权益、促进行政机关依法行政具有重要意义。

三、行政赔偿的排除情形

在深入研讨行政赔偿制度时，除了聚焦于赔偿范围与标准的界定，明确行政赔偿的排除情形同样至关重要。这些排除情形的确立，旨在合理平衡公共利益与个人权益的关系，确保行政赔偿制度的公正性与合理性。本文旨在通过详尽分析行政赔偿的主要排除情形，为行政赔偿实践划定清晰的界限，从而规避赔偿责任的过度扩张。

（一）不可抗力导致的损害

在行政赔偿制度中，不可抗力导致的损害通常不被纳入赔偿范围。不可抗力，如自然灾害、战争或重大疫情，具有不可预见、不可避免和不可克服的特性，即使行政机关采取合理预防措施，也难以完全避免损害发生。排除此类损害赔偿范围外，主要考虑到其不可预见性和不可避免性，避免给行政机关带来不合理负担。同时，这也符合公共利益的考量，确保行政机关能集中资源应对公共危机。然而，若行政机关在应对不可抗力事件中存在过失或不当行为导致额外损害，仍需承担相应赔偿责任。这一规定平衡了公共利益与个人权益，确保行政赔偿制度的合理性与公正性。

（二）受害人自身过错导致的损害

在行政赔偿制度中，若损害结果系由受害人自身过错所致，则行政机关通常无需承担赔偿责任，这体现了过错责任原则。责任自负原则要求受害人对其过错行为负责，自行承担损害后果，避免将责任转嫁给行政机关。此举旨在防止道德风险，避免不当行为如故意制造损害以获取赔偿，维护社会公平与正义。同时，基于公平原则，行政机关不应为受害人个人过错买单，而应专注于维护公共利益和公共秩序。判断损害是否由受害人过错导致时，需综合考量受害人的行为是否违法、是否采取预防措施等。尽管如此，若损害部分由受害人过错引起，行政机关仍可能需承担补充赔偿责任，具体依据过错程度而定。这一规定确保了行政赔偿制度的合理性与公正性，平衡了公共利益与个人责任。

（三）其他法定排除情形

在行政赔偿制度中，除了不可抗力导致的损害和受害人自身过错导致的损害外，还存在其他法定排除情形，这些情形旨在明确赔偿责任的界限，确保行政赔偿制度的合理性和公正性。这些法定排除情形包括但不限于：行政行为合法但效果未达预期导致的损害，若损害非因行政机关过错所致，则可能被视为排除情形；国家行为或外交行为引发的损害，通常因涉及国家主权、外交关系等敏感领域而被排除在赔偿范围之外；紧急避险行为在合理限度内且未违反法律规定的，即使造成损害，也可能被视为排除情形；法律还可能规定其他特定情形的排除，以适应不同行业、领域或特殊情况的需求。这些排除情形的设定需结合具体案件事实和法律规定进行综合判断，并非绝对。同时，即便损害属于排除情形，行政机关仍需确保行政行为的合法性和合理性，遵守法定程序，以维护公民、法人或其他组织的合法权益。这些法定排除情形的存在，既体现了对行政机关特殊情况的考虑，也确保了行政赔偿制度的灵活性和适应性。

第二节 行政赔偿的程序与标准

行政赔偿的程序与标准是确保行政赔偿制度有效实施的关键环节。明确的赔偿程序和合理的赔偿标准不仅能保障受害者的合法权益，还能促进行政机关依法行政，提升政府公信力。本节将深入探讨行政赔偿的程序规定，包括赔偿请求的提出、赔偿义务机关的受理与处理、行政复议与行政诉讼的衔接等，并详细阐述行政赔偿的标准，以期为行政赔偿实践提供明确指导和规范。

一、行政赔偿的程序

（一）赔偿请求的提出

在行政赔偿程序中，赔偿请求的提出是首要环节，要求受害者或其代理人遵循法定程序向赔偿义务机关提出。需明确赔偿义务机关，通常依据行政行为的作出机关确定。准备并提交详细的赔偿申请书，阐明赔偿请求的理由、依据及具体要求，并附上受害者信息、行政行为情况、损害事实、证据材料及法律依据等。同时，提交与请求相关的必要证据，确保真实、合法、有效，以支持赔偿请求的合理性。最后，赔偿请求的提出需遵守法定时效，通常在知道或应当知道权益受侵害之日起一定期限内（如两年）完成，逾期可能影响请求的有效性。整个过程中，规范性和时效性至关重要，以确保赔偿程序的顺利启动和受害者权益的有效维护。

（二）赔偿义务机关的受理与处理

赔偿义务机关在收到赔偿请求后，需严格按照法定程序进行受理与处理。进行受理审查，确认赔偿请求是否符合法定条件、赔偿义务机关是否具有管辖权及请求是否在时效内提出。不符合条件的，将依法不予受理并告知理由。对符合条件的请求进行调查核实，确认行政行为是否违法、损害事实是否存在及损害程度与因果关系。赔偿义务机关有权要求补充证据并调取相关情况。尝试通过协商处理解决争议，减少诉讼成本，提高效率。若协商不成，则根据调查核实结果依法作出赔偿或不予赔偿的决定，明确赔偿内容并告知救济途径。赔偿义务机关需按决定及时履行赔偿义务，否则受害者有权申请强制执行。整个处理过程体现了对受害者权益的尊重与保护，确保了行政赔偿制度的有效实施。

（三）行政复议与行政诉讼的衔接

在行政赔偿程序中，行政复议与行政诉讼的衔接机制为受害者提供了多层次的救济途径，确保赔偿决定的公正性和有效性。对于赔偿决定不服的受害者，可根据法律法规选择行政复议或直接提起行政诉讼。若选择复议，复议机关将审查赔偿决定并作出复议决定，不服者可再行提起行政诉讼。人民法院在受理行政诉讼时，将对复议决定及原行政行为进行全面审查。证据的收集、认定与使用至关重要，复议机关和人民法院将依据法律法规对赔偿请求的事实基础进行审查，并参考复议阶段的证据认定结果。法律适用方面，两者将依据相关法律法规作出裁决，确保裁决的一致性和公正性。对于具有法律效力的复议决定和诉讼判决，赔偿义务机关必须依法履行，否则受害者有权申请强制执行。同时，人民法院和复议机关将对执行情况进行监督，确保赔偿决定得到有效执行，维护受害者的合法权益。这一衔接机制体现了行政赔偿制度的严密性和公正性，为受害者提供了有效的救济渠道。

二、行政赔偿的标准

行政赔偿的标准指的是补偿义务机关在考虑社会公平正义原则的基础上，根据相关法律的规定，给予因行政行为而受到合法权益损害的个人或组织的金钱补偿的计算方式和计算依据。这个标准是判断一个人或者组织能否得到正当补偿的关键因素。

（一）人身损害赔偿标准

人身损害赔偿标准是民事侵权损害赔偿制度中的重要内容，它直接影响着因侵权行为导致的损害赔偿金额的确定。这个标准的适用范围很广，其变动会直接导致赔偿结果的不同。在我国，人身损害赔偿标准的适用性和实践性都很强，但也存在一些问题和缺陷，如"撞伤不如撞死""同命不同价"等社会现象的出现，使得这个问题成为广泛关注的焦点。从现有的法律法规来看，我国的人身损害赔偿标准正处于多元化的状态，不同的赔偿标准导致了同一项人身伤害赔偿项目在不同标准下的赔偿金额有很大的差异。例如，在交通事故、医疗事故、触电伤亡等不同类型的人身伤害案件中，赔偿项目虽然基本一致，但具体的赔偿标准却存在着较大的区别。这些差异主要体现在赔偿年龄的限制、不同赔偿对象的赔偿规定差异、死亡赔偿金名称和计算标准的不同等方面。为了解决这些问题，有建议提出可以由相关部门组织制定统一的相关赔偿标准，以保障事故赔偿和安全生产的标准化和公平性。同时，也建议根据实际情况分步骤、分地区制定统一的人身损害赔偿标准[1]。

（二）财产损害赔偿标准

一般认为财产损害赔偿的标准是赔偿全部损失，但全部损失的具体标准并

---

[1] 郭欣萍.人身损害赔偿标准问题之再探讨 [D].沈阳师范大学，2012.

不清楚。从商品车损害赔偿实际出发，经过分析，认为财产损害赔偿应当包括财产贬值损失，否则，不符合赔偿全部损失的规定。贬值损失是指财产遭受侵权损害后，受损财产虽然经过修复，但其市场价值仍不能恢复到受损时的市场价值，其差额部分即为贬值损失。理论上应当明确引入贬值损失的概念，应通过司法解释明确将贬值损失纳入财产损害赔偿的范围。财产损害赔偿标准规定了因行政行为导致财产权益受损时的赔偿计算方法和依据。该标准涵盖直接财产损失、间接财产损失及可得利益损失三个方面。直接财产损失赔偿遵循"填平原则"，赔偿金额应相当于实际损失，包括财产原始价值、修复费用或重置成本。间接财产损失赔偿则需综合考虑受害者经营状况、行业特点及市场环境，通过专家评估等方式确定赔偿金额。对于可得利益损失，如合同机会丧失、投资收益减少等，赔偿标准需考虑经营计划、市场前景及投资风险，通过预期收益计算、市场评估等方法确定赔偿金额。财产损害赔偿标准的确定需依据法律法规及具体情况，确保受害者获得公正、合理的补偿。同时，受害者需提供充分证据支持赔偿请求，如财产清单、损失评估报告等。这些规定共同构成了财产损害赔偿的完整框架，为受害者提供了有效的权利救济途径[1]。

（三）精神损害赔偿标准

精神损害赔偿标准在行政赔偿中至关重要，它综合考虑精神损害程度、社会影响、行政机关过错程度及法律法规和司法实践等因素。精神损害程度通过专业心理评估或医疗证明确定，损害越严重，赔偿越高。社会影响如名誉受损等也会增加赔偿。行政机关过错程度，特别是故意或重大过失，将提升赔偿标准以惩戒违法行为。同时，赔偿标准需遵循当地法律法规，并参考司法实践经验。整体而言，精神损害赔偿旨在全面、公正地弥补受害者因行政行为遭受的精神痛苦，确保其合法权益得到保障。

---

[1] 吕兴中 . 财产损害赔偿应当包括贬值损失 [J]. 思想战线，2011，37（S1）：227-228.

三、行政赔偿的履行与执行

行政赔偿的履行与执行是确保赔偿决定得以切实落实、维护受害者合法权益的关键环节。赔偿决定的履行不仅关乎受害者的实际利益，也体现了行政机关的诚信与责任。以下通过深入探讨行政赔偿的履行程序、执行机制以及相关的监督与保障措施，以期为行政赔偿制度的有效实施提供实践指导。

（一）赔偿决定的履行

赔偿决定的履行是行政赔偿制度中的核心环节，直接关系到受害者权益的切实保障。赔偿义务机关在作出赔偿决定后，需及时将赔偿决定书送达受害者，明确赔偿金额、方式及期限，确保受害者知晓赔偿安排。对于金钱赔偿，赔偿义务机关应按期、足额支付赔偿金至受害者指定账户，确保资金安全、及时到账。若赔偿决定涉及恢复原状或返还财产，赔偿义务机关应积极采取措施，确保受损财产得到及时修复或返还，无法恢复或返还的则依法折价赔偿。整个履行过程中，赔偿义务机关需详细记录履行情况，并定期向监督机关报告，确保赔偿决定的全面、及时履行。履行完毕后，赔偿义务机关还需与受害者确认赔偿到位情况，听取反馈意见，及时处理异议，确保赔偿决定的公正、有效执行。这一系列规范、透明的履行程序，旨在充分保障受害者权益，维护行政赔偿制度的权威性和公信力。

（二）赔偿决定的执行

赔偿决定的执行是行政赔偿制度有效实施的关键，涉及执行主体、方式、程序及监督等多方面。执行主体通常为赔偿义务机关，负责具体执行工作，必要时人民法院可强制执行。执行方式根据赔偿内容确定，金钱赔偿多通过银行转账支付，恢复原状或返还财产则需相应措施，无法执行时依法折价赔偿。执行程序需遵循法定要求，包括通知送达、受害者确认接收、执行情况记录报告等，确保透明顺畅。执行监督由上级行政机关、人民法院及社会公众共同参与，通过定期检查、抽查及举报投诉等方式，确保赔偿决定得到有效执行，维护受害者合法权益，促进法治政府建设。这一系列机制共同构成了赔偿决定执行的完整框架，保障了行政赔偿制度的公正性和有效性。

四、行政赔偿的监督与保障

行政赔偿制度的有效实施离不开健全的监督与保障机制。监督与保障机制的建立，旨在确保行政赔偿决定的公正性、合法性和及时性，维护受害者的合法权益，促进依法行政和法治政府建设。以下将深入探讨行政赔偿的监督机制、保障措施以及它们在实践中的应用与效果，以期为完善行政赔偿制度提供有益参考。

（一）赔偿监督机制的建立

赔偿监督机制的建立是确保行政赔偿制度有效运行的关键。该机制融合了内部监督、外部监督与司法监督，形成了全面、多层次的监督网络。内部监督通过行政机关的自我约束和上级审查，确保赔偿决定的合法性与合理性。外部监督则借助人大、政协、社会及舆论等力量，对赔偿工作实施广泛监督，提升透明度和公信力。司法监督是最后一道防线，通过行政诉讼对赔偿决定进行司法审查，保障其公正性与权威性。这一综合监督机制有效促进了行政赔偿的依法、公正执行，维护了公民合法权益，推动了法治政府建设。

（二）赔偿资金的保障与管理

赔偿资金的保障与管理是行政赔偿制度有效实施的关键环节，它直接关系到受害者能否及时、足额获得赔偿。为确保赔偿资金的充足性和稳定性，需实现资金来源的多元化，包括国家财政拨款、行政赔偿基金、社会保险机制及从违法所得中扣缴等方式。同时，赔偿资金的管理需遵循规范化原则，建立专门账户，实行统一管理、单独核算，并建立健全的财务管理制度，确保资金的安全高效使用。赔偿资金的使用应透明化，定期公布使用情况，接受社会监督，并建立投诉举报机制，维护资金使用的严肃性和公正性。赔偿资金应与财政预算相衔接，确保资金安排的合理性和可持续性，同时建立动态调整机制，根据实际情况适时调整资金预算。通过这一系列措施，确保赔偿资金的有效保障与管理，为受害者提供及时、足额的赔偿，促进依法行政和法治政府建设。

第三节　行政补偿的原则与实施

行政补偿是行政法领域的一项重要制度，旨在弥补因依法行政行为给公民、法人或其他组织造成的损失。为确保行政补偿的公正性、合理性和有效性，明确行政补偿的原则并实施相应的补偿措施显得尤为重要。本节将深入探讨行政补偿的基本原则、具体实施步骤以及实践中的挑战与对策，以期为行政补偿制度的完善提供理论支持和实践指导。

一、行政补偿的原则

（一）合法性原则

合法性原则是行政补偿制度的基石，确保了补偿行为的合法性和正当性。它要求行政补偿必须严格依据现行有效的法律法规或政策进行，且补偿依据需公开、明确、广泛认可，以增强补偿行为的公信力和法律效力。在补偿过程中，必须遵循法定程序，包括补偿申请的提出、审查、决定及执行等环节，确保程序的公正、透明和有序，避免程序违法导致的补偿无效。补偿决定需基于合法的事实和法律依据，详细阐述补偿理由、依据、标准和金额，体现公平、公正原则。同时，行政补偿的监督与救济机制也需合法，监督机构应依法对补偿行为进行监督检查，确保合法性和规范性。受害者对补偿决定不服时，享有依法申请行政复议或提起行政诉讼的权利，以维护自身合法权益。合法性原则的遵循，不仅保障了行政补偿的合法性和正当性，也增强了公众对行政补偿制度的信任和支持，促进了社会的和谐稳定与法治建设。

（二）公平、公正原则

公平、公正原则是行政补偿制度的核心，要求确保受害者获得公正、合理的补偿。补偿标准需公平合理，反映实际损失，兼顾社会经济发展和行业特点。补偿程序应公正透明，充分听取受害者意见，确保决定基于客观事实和法律。补偿对象应平等对待，不受非损失相关因素影响。同时，决策过程需公开透明，建立信息公开机制，接受社会监督，鼓励公众参与，增强决策民主性和科学性。这些原则共同维护了受害者权益，促进了社会公平正义，体现了行政补偿制度的价值追求。

（三）及时、有效原则

及时、有效原则是行政补偿制度的核心要求，旨在确保受害者能在合理时间内获得切实有效的补偿。及时性强调补偿措施需迅速响应受害者损失，避免拖延加重其负担，要求行政机关建立高效补偿机制，快速启动程序，及时作出决定并支付补偿金。有效性则关注补偿措施能否切实解决受害者问题，达到预期效果，这要求补偿方案需基于受害者实际损失和需求制定，同时加强执行监督与评估，确保补偿落实到位。灵活性原则鼓励行政机关根据实际情况调整补偿方案，满足受害者个性化需求，提升补偿针对性和实效性。这些原则共同构成了行政补偿制度的基本框架，旨在快速、有效地解决受害者因依法行政行为遭受的损失，维护其合法权益，促进社会和谐稳定。行政机关应严格遵循这些原则，不断完善补偿机制，提高补偿效率与质量，确保行政补偿制度的有效实施。

二、行政补偿的实施

行政补偿的实施是将行政补偿制度从理论转化为实践的关键环节，它涉及补偿范围的确定、补偿标准的制定、补偿方式的选择以及补偿协议的签订与履行等多个方面。有效的行政补偿实施不仅能切实保障受害者的合法权益，还能促进政府依法行政，增强公众对政府的信任和支持。以下将详细探讨行政补偿的实施过程，以期为行政补偿工作的顺利开展提供实践指导。

（一）补偿范围的确定

补偿范围的确定是行政补偿实施的关键环节，它基于直接损失、合法权益受损、可量化和法律规定等原则。补偿主要涵盖因行政行为直接导致的、可量化的合法权益损失，如财产损失和生产经营损失等。只有合法权益受损且损失可量化时，才纳入补偿范畴。同时，补偿范围的确定还需严格遵循相关法律法规，确保补偿的合法性和合理性。这些原则共同构成了确定补偿范围的基础，旨在保障受害者因行政行为遭受的直接损失得到公正、合理的补偿，维护其合法权益，促进社会的公平正义。

（二）补偿标准的制定

补偿标准的制定是行政补偿实施中的核心任务，它直接关系到受害者能否获得公正、合理的经济补偿。在制定补偿标准时，需综合考虑多个关键因素。损失评估是基础，需对受害者因行政行为所遭受的损失进行全面、客观评估，包括直接经济损失和间接经济损失，确保评估结果准确、公正。社会经济发展水平也是制定补偿标准的重要参考，不同地区因经济差异，补偿标准应有所区别，以体现公平原则。同时，法律法规与政策指导为补偿标准的制定提供了法律依据和政策导向，必须严格遵守。公平与合理原则是制定补偿标准的根本要求，既要充分反映受害者实际损失，又要避免过度或不足补偿，确保补偿标准的公正性和合理性。在制定过程中，还应充分听取受害者意见，增强补偿标准的可接受性。

（三）补偿方式的选择

补偿方式的选择是行政补偿实施中的关键环节，需综合考虑受害者实际需求、补偿效果、可行性与可操作性及法律法规与政策要求。基于受害者损失类型、程度及个人情况，选择能满足其实际需求的补偿方式，如现金、实物补偿或恢复原状等。同时，评估不同方式的补偿效果，确保所选方式能最直接有效地解决受害者问题。需考虑方式的可行性与可操作性，确保补偿措施能顺利实施。严格遵循法律法规与政策要求，确保补偿方式合法合规。通过综合考量这些因素，合理选择补偿方式，能有效提升补偿效率与质量，保障受害者权益，促进社会和谐稳定。

（四）补偿协议的签订与履行

补偿协议的签订与履行是行政补偿实施的核心环节，它确保了补偿决定的正式生效和补偿措施的有效实施。在签订协议前，行政机关与受害者需就补偿范围、标准、方式等关键内容进行充分协商，确保双方达成一致，体现公平、公正原则。随后，行政机关起草并审核协议文本，明确双方权利义务、补偿细节等，确保内容清晰、准确、合法。协议签订时，双方核对内容无误后正式签署，赋予协议法律效力。履行阶段，行政机关需按协议约定及时、足额履行补偿义务，并建立监督机制确保实施效果。若发生争议，双方应友好协商或依约解决；因客观情况变化需调整协议内容时，可依法协商变更。整个过程中，受害者有权通过行政复议或行政诉讼维护自身权益，确保补偿协议得到全面、有效执行，保障其合法权益，促进社会和谐稳定。

三、行政补偿的监督与救济

行政补偿制度的有效实施，离不开健全的监督与救济机制。监督机制的建立，能确保行政补偿的公正性和合理性；而救济机制的完善，则为受害者提供了有效的法律保障，确保其在补偿过程中遭遇不公时能及时获得救济。以下将深入探讨行政补偿的监督与救济机制，以期为行政补偿制度的进一步完善提供理论支持和实践指导。

（一）监督机制的建立

行政补偿的监督机制是确保补偿过程公正、透明，防止权力滥用和腐败的关键。该机制包括内部监督、外部监督和社会监督等多个层面。内部监督由行政机关内部设立的专门机构或人员负责，对补偿决定、协议签订与履行等全程监督，确保合法合理。上级行政机关则定期检查指导下级工作，及时纠正问题。外部监督中，司法机关通过审理相关案件进行司法审查，审计机关审计资金使用，确保合规性。社会监督通过信息公开接受公众和媒体监督，促进透明公正。为增强监督效力，可考虑设立专门行政补偿监督机构，全面监督补偿工作，包括政策执行、资金使用等，确保规范有效。这一综合监督机制，有效防范了权力滥用，保障了补偿工作的公正透明，提升了政府公信力和执行力。

（二）救济途径的提供

在行政补偿制度中，为受害者提供有效的救济途径至关重要。当受害者对补偿决定不满或认为补偿过程存在违法时，可通过行政复议、行政诉讼、国家赔偿等法律途径寻求救济。行政复议允许受害者向上一级行政机关申请复议，行政诉讼则赋予受害者直接向法院起诉的权利。若补偿不足，符合国家赔偿条件的受害者还可申请国家赔偿。信访与申诉为受害者提供了表达诉求的渠道，而调解与和解则有助于高效解决争议，维护和谐关系。这些多元化救济途径共同构成了行政补偿制度的保障网，确保受害者权益得到有效维护，促进补偿制度的公正实施。

四、行政补偿的改进与完善

随着社会的不断发展和法治建设的深入推进，行政补偿制度在实践中逐渐暴露出一些问题，如补偿标准不统一、补偿程序不透明、救济途径不畅等。这些问题不仅影响了行政补偿制度的公正性和有效性，也损害了受害者的合法权益。因此，对行政补偿制度进行改进与完善，成为当前法治政府建设的重要任务。以下通过深入分析行政补偿制度存在的问题，并提出相应的改进建议，以期为行政补偿制度的完善提供有益的参考。

（一）总结经验教训

在回顾行政补偿制度的实践过程中，学术界深刻总结了若干经验教训。补偿标准的不统一与不合理性成为显著问题，地区与部门间的差异导致补偿结果不公，严重损害了受害者的权益，进而削弱了制度的公信力。补偿程序的复杂性和不透明性进一步增加了受害者寻求补偿的难度，降低了公众对补偿公正性的信任。同时，救济途径的有限性与不畅性也是一大障碍，行政复议和行政诉讼等机制在实际操作中面临受理门槛高、审理周期长等挑战，使得受害者难以获得及时有效的救济。公众参与度的不足与监督机制的缺失，同样值得警惕。这些问题可能导致补偿决策偏离公众利益，甚至滋生腐败现象，严重破坏了制度的公正性和有效性。针对上述问题，学术界提出了针对性的改进建议。应制定统一且合理的补偿标准，确保补偿的公平性和合理性。简化并透明化补偿程序，降低受害者寻求补偿的难度，提升公众对制度的信任。同时，拓宽并优化救济途径，降低受理门槛，缩短审理周期，确保受害者能及时获得有效救济。还应增强公众参与度，建立健全监督机制，保障补偿决策的公正性和透明度，防止腐败现象的发生。

（二）完善法律法规

完善法律法规是提升行政补偿制度法治化水平的关键。针对补偿标准不统一、程序不透明、救济途径不畅等问题，亟须通过立法手段进行规范和明确。建议制定统一的行政补偿法，明确补偿的基本原则、范围、标准、程序及救济途径，为行政补偿提供坚实的法律基础。补偿标准应综合考虑实际损失、社会经济发展水平等因素，并建立动态调整机制。同时，简化补偿程序，提高透明度，确保补偿工作高效、公正。拓宽救济途径，优化救济程序，降低受理门槛，缩短审理周期，为受害者提供及时有效的法律救济。增强公众参与度，建立健全监督机制，确保补偿决策反映公众意见，防止权力滥用。通过这些措施，可以全面提升行政补偿制度的法治化水平，维护受害者合法权益，推动法治政府建设。

（三）加强宣传与教育

加强宣传与教育对于提升公众对行政补偿制度的认知度、增强法治意识至关重要。应通过多种媒体渠道普及行政补偿基本知识，增强公众对制度的认同感。同时，解读典型案例，帮助公众理解制度在实际操作中的应用。组织法治教育活动，提升公众法律素养和法治意识，鼓励公众参与法律实践。对行政机关工作人员进行定期培训，提高其依法行政和依法补偿能力。建立长效宣传教育机制，纳入法治宣传教育总体规划，确保工作持续有效，并加强与学校、社区、企业等单位的合作，拓宽宣传教育覆盖面。这些措施共同促进了行政补偿制度的有效实施，提升了公众法治素养。

第四节　行政赔偿与补偿制度的完善路径

行政赔偿与补偿制度是行政法体系中的重要组成部分，对于维护公民合法权益、促进依法行政具有重要意义。然而，随着社会的快速发展和法治建设的深入推进，现有制度在实践中逐渐暴露出一些问题，亟须进一步完善。因此，探索行政赔偿与补偿制度的完善路径，成为当前法治政府建设的重要课题。本节将深入分析行政赔偿与补偿制度存在的问题，并结合实际提出具体的完善建议，以期为行政赔偿与补偿制度的健全发展提供参考。

一、现有制度的问题与挑战

（一）赔偿与补偿范围界定不清

行政赔偿与补偿制度中，赔偿与补偿范围的界定是确保制度有效实施的核心。然而，当前制度在实践中面临赔偿与补偿范围界定不清的挑战。法律规定模糊，缺乏具体、明确的界定标准，导致行政机关和法院在理解上存在分歧，容易引发争议。赔偿与补偿范围存在重叠与空白，某些损失既可能属于赔偿也可能属于补偿，或两者均不涵盖，增加了处理难度，使受害者难以获得有效救济。同时，损失评估标准的不统一，使得不同行政机关或评估机构的评估结果差异较大，影响了赔偿与补偿的公正性和合理性。这些问题不仅增加了制度实施的复杂性和不确定性，也损害了受害者的合法权益。因此，明确界定赔偿与补偿范围，制定统一、具体的界定标准，成为完善行政赔偿与补偿制度的重要任务，旨在提高制度实施的确定性和公正性，更好地保障受害者的合法权益。

（二）赔偿与补偿标准不合理

行政赔偿与补偿标准的不合理性主要体现在标准不统一、标准过低、缺乏动态调整机制以及未充分考虑受害者个体差异等方面。由于地区、部门间的差异及法律法规的滞后性，赔偿与补偿标准在不同地区、部门间存在显著差异，增加了制度实施的复杂性，并可能导致受害者面临不公平待遇。同时，部分标准设定过低，未能充分反映受害者的实际损失，且缺乏随社会经济发展、物价变动而适时调整的动态机制，影响了标准的合理性和有效性。标准制定时往往未充分考虑受害者的个体差异，如年龄、职业、收入状况等，影响了赔偿与补偿的公平性和合理性。针对上述问题，完善行政赔偿与补偿标准显得尤为重要。应制定统一、合理且能动态调整的赔偿与补偿标准，充分考虑受害者的实际损失、社会经济发展水平、物价变动及个体差异等因素，确保标准能充分、公正地弥补受害者的损失。同时，加强法律法规的更新和完善，确保赔偿与补偿制度能与时俱进，适应社会发展需求，为受害者提供更为全面、有效的法律保障。

（三）程序繁琐，效率低下

行政赔偿与补偿程序繁琐、效率低下是现行制度面临的突出问题，具体表现在程序环节多、流程复杂，增加了行政成本和受害者等待时间；审查标准严格、耗时较长，虽然确保了公正性却牺牲了效率；缺乏高效的信息共享机制，导致信息沟通不畅，资源浪费且处理时间延长；救济途径不畅，行政复议、行政诉讼等程序本身也可能繁琐耗时，进一步影响效率。针对这些问题，简化程序、提高效率至关重要。应通过优化流程、减少不必要环节、建立信息共享机制、完善救济途径等措施，同时加强行政机关内部管理和协作，提升处理效率和质量，确保受害者能迅速、有效地获得赔偿与补偿，从而增强制度的公正性和实效性。

二、完善赔偿与补偿制度的原则

在深入探讨如何完善行政赔偿与补偿制度的过程中，明确并遵循一系列基本原则显得尤为重要。这些原则不仅为制度的改进提供了方向性指导，也确保了赔偿与补偿工作的公正性、合理性和有效性。以下将阐述完善赔偿与补偿制度应遵循的几项基本原则，以期为制度的健全发展提供理论支撑和实践指导。

（一）法治原则

党的十五大提出依法治国的基本方略，我国要实行法治，法律至上、司法公正和保障人权应是其基本原则。法律至上是实行法治的决定性前提，要确立法律的绝对权威，党要守法，政府也要守法。司法公正是法治的保障。它包括在制度上实现司法独立和在实践中杜绝司法腐败。保障人权是法治价值取向的核心。实现尊重和保障人权，就需要在国家权力和公民之间形成有机统一的"权力—权利"运行系统。法治原则是指在国家治理过程中，国家机关和社会组织、公民个人必须遵守的、符合一定道德和价值的、系统的、稳定的法律准则。这些原则指导和规范了国家的立法、执法、司法及司法审查等各个方面，确保了国家治理的合法性、合理性和公正性[1]。

（二）公平正义原则

公平正义原则是赔偿与补偿制度的核心，要求全面反映受害者实际损失，包括直接经济损失与间接损失，确保补偿合理。处理案件时，需综合考虑受害者情况、损失程度及社会影响，提供全面支持，如再就业培训等。同时，制度应平等对待所有受害者，避免差异对待，确保公正。制度需普遍适用，覆盖所有受损者，赔偿过程公开透明，接受监督，提升公信力。公平正义原则保障了赔偿与补偿的公正性、合理性和有效性，维护了受害者权益，促进了社会和谐稳定。

（三）效率原则

效率原则是完善赔偿与补偿制度的关键要素，旨在确保赔偿与补偿程序能迅速响应受害者需求，高效解决争议。为实现这一目标，赔偿与补偿流程需尽

---

[1] 赵肖筠，郭相宏 . 法治原则述要 [J]. 法学评论，1998，（04）：20-25.

可能简化，减少不必要的环节和延误，降低受害者的等待时间和行政成本。具体而言，应优化流程设计，明确各环节职责与时限，确保程序运行顺畅。同时，提升行政机关的服务意识和效率，加强人员培训，提高业务处理能力，确保快速、准确地处理赔偿与补偿申请。加强信息化建设是提升效率的重要途径。通过建立电子化的赔偿与补偿系统，实现申请、审批、支付等环节的在线办理，减少纸质材料流转，提高处理速度。利用大数据分析等技术手段，对赔偿与补偿案件进行智能分类、预测和监控，提前发现并解决问题，进一步提升工作效率。同时，增强信息透明度，及时公开赔偿与补偿进度和结果，接受社会监督，提升公信力。

三、具体完善路径与措施

针对赔偿与补偿制度现存的问题与挑战，为进一步提升制度的公正性、合理性和效率，提出以下具体完善路径与措施，旨在优化赔偿与补偿流程，强化制度执行与监督，确保受害者能及时、有效地获得应得的赔偿与补偿。

（一）明确赔偿与补偿范围

明确赔偿与补偿范围是完善制度的首要任务，针对当前法律法规模糊、范围界定不清的问题，需通过立法或司法解释予以明确。具体而言，应清晰界定直接损失（如财产损失、医疗费用）与间接损失（如精神损害、生活影响）的范围，确保全面覆盖受害者实际损失。同时，针对特殊情况如长期失业、残疾等，应明确赔偿与补偿标准，保障受害者得到充分救济。列出因受害者自身过错、不可抗力等导致的损失是排除情形，避免责任无限扩大。更重要的是，建立动态调整机制，根据社会经济发展、物价变动适时调整赔偿与补偿范围，确保其合理性和适应性。这些措施将为赔偿与补偿工作提供明确法律依据和操作指南，减少争议，提高制度公正性和可操作性。

（二）提高赔偿与补偿标准

提高赔偿与补偿标准是完善赔偿与补偿制度的关键，针对当前标准过低的问题，需从多方面入手。应综合考虑受害者的实际损失、社会经济发展水平、行业特点及地区差异，确保标准真实反映损失程度和经济负担。建立动态调整机制，根据社会经济发展和物价波动适时调整标准，保持其合理性和时效性。同时，借鉴国际先进经验，结合国情制定既符合实际又具有国际可比性的标准。强化公众参与，广泛征求公众特别是受害者意见，确保标准反映公众诉求。通过这些措施，提高赔偿与补偿标准，更有效地弥补受害者损失，增强其获得感和满意度，提升制度公正性和有效性，促进社会和谐稳定。

（三）优化赔偿与补偿程序

优化赔偿与补偿程序，旨在简化流程、缩短时限、增强透明度，确保受害者快速便捷获赔。以下列出具体措施，以进一步提升制度效率与公正性（见表3）。

表3　赔偿与补偿程序优化措施表

优化措施	具体方法
简化申请流程	减少不必要的申请环节和材料要求，明确申请所需材料清单，提供一站式服务，方便受害者快速提交申请。
缩短审批时限	明确审批时限，优化审批流程，减少审批层级，提高审批效率，确保受害者能及时获得赔偿与补偿决定。
强化信息公开与透明	建立信息公开制度，及时公布赔偿与补偿政策、标准、程序及决定结果等信息，接受社会监督，增强公信力。
引入在线办理与智能化服务	利用现代信息技术手段，提供在线申请、审批、支付等一站式服务，提高办理效率，减少受害者等待时间。
建立快速处理机制	对于紧急、重大的赔偿与补偿案件，建立快速处理机制，确保受害者能及时获得赔偿与补偿，减轻其经济和心理负担。

（四）加强赔偿与补偿资金保障

加强赔偿与补偿资金保障是确保赔偿与补偿制度有效实施的关键。为此，需从多方面入手：实现资金来源多元化，除国家财政拨款外，还应探索设立专项基金、引入社会资本等渠道，确保资金充足；实行专款专用与严格管理，防止资金挪用，建立健全管理制度，确保资金使用合规；根据案件情况动态调整资金预算，预留足够空间以应对未来需求；同时，加强资金监督与审计，定期审查使用情况，公开透明接受社会监督；最后，建立风险防控机制，针对资金短缺、使用不当等风险制定应急预案。通过这些措施，确保受害者能及时、足额获得赔偿，维护其合法权益，推动赔偿与补偿制度健康发展。

（五）完善救济机制

完善救济机制是确保赔偿与补偿制度有效运行、维护受害者合法权益的重要保障。当前，部分赔偿与补偿案件在处理过程中可能存在争议或不公，因此，建立健全的救济机制，为受害者提供多种救济途径，显得尤为重要。具体而言，完善救济机制应从以下几个方面入手：

1.行政复议与行政诉讼的有效衔接

在赔偿与补偿案件中，确保行政复议与行政诉讼的有效衔接至关重要。行政复议是行政诉讼的前置程序，为受害者提供了初步的救济途径。当受害者对复议决定不服时，可以依法向人民法院提起行政诉讼，进一步维护自身权益。这种衔接机制不仅为受害者提供了多层次的救济途径，也促进了行政机关内部纠错与司法监督的有机结合，有助于提升赔偿与补偿案件的公正性和效率。通过行政复议与行政诉讼的有效衔接，可以确保受害者的合法权益得到充分保障，推动赔偿与补偿制度的不断完善。

2.建立第三方调解机制

建立第三方调解机制是完善赔偿与补偿制度、提升争议解决效率与质量的关键措施。通过引入中立、公正的第三方调解机构，可以为赔偿与补偿争议提供有效的调解服务。这些调解机构需具备高度的专业性和独立性，确保能客观、全面地评估案件事实，提出公正、合理的调解方案。调解过程强调双方当事人的自愿参与和平等协商，有助于增进理解和信任，促进争议的和解。相比传统的诉讼方式，第三方调解机制更为灵活高效，能降低争议解决成本，减轻司法负担。同时，调解结果往往更易于被双方接受和执行，有助于维护社会稳定和和谐。因此，建立第三方调解机制不仅是对现有赔偿与补偿制度的有益补充，也是推动社会治理体系和治理能力现代化的重要举措。

3. 加强法律援助与咨询服务

加强法律援助与咨询服务是保障受害者合法权益、提升赔偿与补偿制度实施效果的关键环节。通过为受害者提供全面、专业的法律咨询服务，帮助他们深入了解赔偿与补偿政策、标准、程序及自身权利义务，增强其维权意识和能力。法律援助机构应设立专业律师团队，特别是针对经济困难的受害者，提供免费法律咨询和代理服务，减轻其经济负担，确保每位受害者都能平等享有法律保护和救济。法律援助机构还应积极开展法治宣传教育活动，提升公众对赔偿与补偿制度的认知度和信任度，营造良好的法治氛围。通过这些措施，能更有效地维护受害者权益，促进赔偿与补偿制度的公平、公正实施，促进社会公平正义的实现。

4. 建立赔偿与补偿监督机构

建立赔偿与补偿监督机构是确保赔偿与补偿制度公正、有效实施的关键举措。该机构应独立于赔偿与补偿的决定和执行部门，负责全面监督赔偿与补偿案件的处理过程，确保案件处理的公正性和合法性。监督机构应有权对赔偿与补偿决定的事实认定、法律适用、程序合规性等方面进行全面审查，对发现的不当处理行为及时予以纠正，并对相关责任人依法进行追责。通过监督机构的设立，可以有效防止权力滥用和腐败现象的发生，提升赔偿与补偿制度的公信力和执行力。同时，监督机构还应公开透明地开展工作，接受社会监督，确保监督工作的公正性和有效性。这一机制的建立，不仅有助于维护受害者的合法权益，还能推动赔偿与补偿制度的不断完善和发展，促进社会公平正义的实现。

5. 加强赔偿与补偿知识的普及与宣传

加强赔偿与补偿知识的普及与宣传，是提升公众法律意识、促进赔偿与补偿制度有效实施的重要途径。通过媒体、网络、宣传册等多种渠道，广泛传播赔偿与补偿的基本概念、适用范围、申请流程、权利义务等知识，帮助公众全面了解赔偿与补偿制度，增强其认知度和信任度。同时，加强对赔偿与补偿成功案例的宣传，展示制度实施的积极效果，鼓励受害者勇于维护自身合法权益，减少因无知或恐惧而放弃维权的情况。宣传过程中还应注重引导公众理性看待赔偿与补偿，避免过高或过低的期望，促进社会的和谐稳定。通过持续、深入的宣传普及工作，可以营造良好的法治氛围，提升公众的法律素养，为赔偿与补偿制度的顺利实施奠定坚实的社会基础。

四、实施与监督

在完善赔偿与补偿制度的基础上，确保其有效实施与严格监督是保障制度落实、维护公平正义的关键环节。以下将深入探讨赔偿与补偿制度的实施策略与监督机制，以期为制度的顺畅运行和持续改进提供实践指导。

（一）制定实施计划

为确保赔偿与补偿制度的有效实施，制定周密的实施计划至关重要。该计划应明确目标设定，包括提高赔偿与补偿的及时性、公正性和透明度，确保受害者权益得到充分保障。同时，需制定详细的时间表与里程碑，明确各阶段任务、责任人和完成时间，确保实施工作有序推进。在资源配置方面，应合理配置人力、物力和财力资源，如培训专业人员、采购必要设备、设立专项基金等，以支持实施计划的执行。还需进行风险评估与应对，提前识别可能面临的风险和挑战，并制定相应措施加以解决。沟通与协调也是实施计划的重要组成部分，需加强与相关部门、机构和社会各界的合作，形成合力推动制度实施。最后，监督与评估机制必不可少，应定期对实施计划执行情况进行检查和评估，及时调整计划以确保赔偿与补偿制度得到有效落实，从而维护受害者权益，促进社会公平正义。

（二）加强监督评估

加强监督评估是确保赔偿与补偿制度有效实施的关键。需建立监督机制，明确监督主体、内容和方式，确保独立性和有效性，涵盖赔偿与补偿决定的合法性、公正性、及时性等方面，通过定期检查、随机抽查、公众举报等方式实施。同时，设定科学合理的评估指标，如及时性、准确性、满意度等，以客观反映制度实施效果。实施定期评估，由专业机构负责，确保结果客观准确，并及时公布接受监督。建立反馈与改进机制，根据评估结果发现问题，明确责任主体，制定整改措施并跟踪落实，鼓励社会各界提意见。强化责任追究，对违法违规或失职行为依法追责，确保制度严肃性和权威性。通过这些措施，推动赔偿与补偿制度持续改进，维护受害者权益，促进社会公平正义。

（三）强化责任追究

强化责任追究是保障赔偿与补偿制度有效实施的关键。需明确行政机关、工作人员及第三方机构在赔偿与补偿过程中的责任主体，确保责任到人，避免责任推诿。依据法律法规和制度要求，设定清晰的责任标准，界定违法违规或失职行为及其后果。建立健全责任追究机制，包括立案调查、责任认定、处理决定等环节，确保追责程序规范、公正、透明。对于查实的违法违规或失职行为，应依法依规严肃处理，如行政处分、刑事处罚等，形成有效震慑。同时，公开追责结果，接受公众监督，增强制度公信力与透明度。还需加强教育培训，提升相关人员法律意识和责任意识，减少违法违规和工作失职行为，维护赔偿与补偿制度的严肃性和权威性，确保受害者权益得到切实维护。通过这些措施，推动赔偿与补偿制度的有效实施，促进社会公平正义。

第七章
依法行政中的信息技术应用

随着信息技术的发展，其在政府治理和依法行政中的应用日益广泛，成为推动法治政府建设的重要力量。本章将深入探讨信息技术在依法行政中的应用现状、优势、挑战以及未来发展趋势，分析利用信息技术提升政府决策科学性、行政效率与透明度，同时保障人民权益，以期为依法行政的现代化转型提供有力支持和技术指导。

第一节　电子政务与行政效率提升

在信息化时代背景下，电子政务是政府管理与服务的新型模式，对提升行政效率、优化政府流程具有重要意义。本节将深入探讨电子政务在提升行政效率方面的作用机制、实践案例及面临的挑战，旨在为促进政府管理与服务的现代化转型提供理论支持与实践指导。

一、电子政务概述

（一）电子政务的定义与特点

1.电子政务的定义

电子政务（E-Government）是指基于网络的，符合一定标准的，面向政府部门、企业和公众的信息处理和信息服务系统。这个系统使用电子信息技术进行政府部门的各类行政管理和服务活动，并使个人、商业群体和社会中的其他组成部分能享有更便捷的公共服务[1]。

2.电子政务的特点

电子政务是政府管理与服务的新型模式，具有一系列显著特点。它以信息技术为基础，依赖于现代的信息技术、数字网络技术和办公自动化技术，包括网络、计算机与通信技术等。电子政务处理的内容广泛，涵盖与公共权利行使相关的公共事务，涉及政府内部的行政事务和其他公共组织的管理事务。电子政务不仅仅是传统政府管理事务的网络化迁移，更是对现有政府组织结构、运行方式、行政流程的重组和再造，推动管理组织和运行机制的深刻变革。电子政务通过优化重组政府组织结构和工作流程，超越时间、空间限制，提供全方

---

[1] 孔杰.基于电子政务的政府职能转变 [J].辽宁行政学院学报，2010，12（06）：23-24+37.

位、优质、规范、透明的管理和服务。同时，安全保障是电子政务的关键，包括技术手段保障网络安全和信息安全，以及安全管理制度建设和对政府工作人员安全意识的培养。最后，电子政务的建设效果高度依赖于政府各部门业务的信息化程度。这些特点共同定义了电子政务的核心价值，指导着电子政务的实践与发展，旨在提升政府效率、优化服务、增强透明度，并保障信息安全[1]。

（二）电子政务的发展历程与现状

电子政务的产生源于现代信息技术的发展和应用，是一个不断发展的概念。电子政务的概念是在 20 世纪 90 年代提出来的，但它的最初雏形是产生于 20 世纪 70 年代的办公自动化（Office Automation，简称 OA）。而今，办公自动化已是电子政务系统的一个重要组成部分。20 世纪 70 年代中后期，由于政府系统处理的信息增长，仅依靠办公自动化系统已无法从根本上解决海量信息的处理问题。在这种情况下，基于管理信息系统（MIS）技术的政务信息系统被应用于政府工作中，成为办公自动化进一步发展的产物。中国最早的政务信息系统是国家经济信息系统。最新的信息技术不断地被应用于政府办公，如地理信息系统（GIS），决策支持系统（DSS）等被应用于政府的城市规划、建设、监控、资源配置等特定部门的业务过程中和政府基于海量数据的快速、准确的决策过程中。到了 20 世纪 90 年代，当网络技术发展到成熟阶段，尤其是当互联网普及之后，电子政务概念被提出来并真正在技术上成为现实[2]。

当前，电子政务已成为政府管理与服务的重要组成部分，在全球范围内得到广泛应用。各国政府纷纷加强电子政务建设，推动政府数字化转型，以提升政府效能、增强公共服务能力、促进经济社会发展。在我国，电子政务建设也取得了显著成效，如"一网通办""最多跑一次"等改革举措的实施，方便了

---

[1] 阎晓红 . 论电子政务与政务公开 [J]. 中共山西省委党校省直分校学报，2006，（06）：52–54.

[2] 汪向东 . 信息化：中国 21 世纪的选择 [M]. 北京：社会科学文献出版社，1998.

企业和群众办事，提升了政府服务水平和公众满意度。然而，电子政务在发展过程中仍面临一些挑战，如信息安全、数据共享、跨部门协作等问题，需要持续探索和创新解决方案 [1]。

二、电子政务对行政效率的影响

电子政务是政府管理与服务的新型模式，对提升行政效率产生了深远影响。通过信息技术的应用，电子政务不仅优化了政府工作流程，提高了服务效率，还增强了政府决策的科学性和透明度。以下将详细探讨电子政务如何促进行政效率的提升，分析其在优化政府流程、提高服务质量、增强决策科学性等方面的具体作用。

（一）优化行政流程

1. 流程再造与简化

电子政务通过信息技术手段对传统行政流程进行再造与简化，显著提升了行政效率。通过去除不必要的环节和冗余步骤，电子政务减少了繁琐的审批程序，避免了纸质文件的重复流转，有效缩短了办理时间。例如，以往需要多次往返政府部门提交的申请材料，现在可以通过电子政务平台在线提交，实时跟踪办理进度，大大节省了时间和成本。同时，电子政务还通过标准化、流程化的方式，对行政流程进行了优化和简化，使得政府部门能更快速、更准确地响应公众需求，提高了工作效率和服务质量。这种流程再造与简化的方式，不仅提升了政府形象，也增强了公众对政府的信任度和满意度。

2. 在线办理与自助服务

电子政务平台通过提供在线办理与自助服务功能，方便了公众和企业的政务服务需求，显著提升了行政效率。公众和企业只需通过互联网，即可随时随地

---

[1] 金江军. 电子政务导论 [M]. 北京：北京大学出版社，2003：9-10.

提交各类申请，如营业执照办理、税务登记、社保缴纳等，无需再亲自前往政府部门排队等待。同时，电子政务平台还提供了便捷的查询功能，用户可随时在线查看申请进度、审批结果等信息，无需通过电话或现场咨询，节省了大量时间和精力。用户还能在平台上自助下载和打印相关证件，如电子营业执照、税务发票等，进一步简化了办事流程，降低了办事成本。这种在线办理与自助服务的方式，不仅提高了行政效率，也增强了政务服务的便捷性和可及性，提升了公众和企业的满意度与获得感，推动了政府服务向更加智能化、人性化的方向发展。

3. 跨部门协同

电子政务通过促进跨部门协同，显著提升了整体行政效率。在传统政务模式下，不同部门间往往存在信息壁垒，导致重复劳动和数据孤岛现象频发，严重影响了行政效率。而电子政务平台通过构建统一的信息共享机制，打破了部门间的信息壁垒，实现了跨部门之间的信息共享和业务协同。各部门可以在平台上实时交换数据，共同处理业务，避免了重复劳动和资源浪费。同时，电子政务还通过标准化、规范化的数据格式和接口，确保了数据的准确性和一致性，提高了数据的利用价值。这种跨部门协同的方式，不仅提升了行政效率，还促进了政府服务的整体优化，为公众提供了更加便捷、高效的服务体验。电子政务还通过数据分析与挖掘，为政府决策提供了科学依据，进一步提升了政府治理的精准性和有效性。

4. 实时监控与管理

电子政务系统通过实时监控与管理，显著提升了行政效率。系统能实时跟踪行政流程的执行情况，一旦发现异常或延误，立即发出警报并引导相关部门迅速处理，确保流程顺畅进行。同时，系统内置的数据分析和报表功能，为政府部门提供了详尽的流程运行数据和效率指标，帮助管理者深入了解工作流程中的瓶颈和问题所在。这些数据支持不仅为即时调整和优化流程提供了依据，也为长期改进和战略规划提供了有力支撑。通过实时监控与管理，电子政务系统有效促进了行政流程的持续优化，提升了政府服务的响应速度和整体效率。

（二）提升行政决策的科学性

电子政务在提升行政决策科学性方面发挥着重要作用。通过信息技术的应用，电子政务为行政决策提供了更为全面、准确的信息支持，增强了决策的科学性和合理性。电子政务平台能收集、整合和分析大量的数据资源，包括社会经济数据、民意调查数据、政策执行反馈等，为决策提供丰富的信息基础。这些数据不仅来源于政府部门内部，还包括来自社会各方面的信息，确保了决策的广泛性和全面性。电子政务利用大数据分析、人工智能等技术手段，对海量数据进行深度挖掘和分析，揭示数据背后的规律和趋势，为决策提供科学依据。例如，通过预测模型分析政策实施的可能效果，帮助决策者更准确地评估政策风险和收益。电子政务还促进了决策的民主化和透明化。通过在线调查、公众参与平台等方式，广泛收集公众意见和建议，使决策过程更加开放和包容。同时，电子政务平台还公开决策过程和结果，接受社会监督，增强了决策的公信力。

（三）加强行政监督与问责

电子政务在加强行政监督与问责方面发挥着重要作用，有助于提升政府工作的透明度和公信力。通过电子政务平台，政府部门的行政行为、决策过程及结果得以公开，接受社会监督，有效防止了权力滥用和腐败现象的发生。电子政务平台提供了丰富的信息公开渠道，如政府网站、政务微博、微信公众号等，及时发布政府工作动态、政策法规、项目审批等信息，保障了公众的知情权。公众可以通过这些渠道了解政府工作，对政府行为进行监督，促使政府部门依法行政，提高行政效率。电子政务还促进了行政问责机制的完善。通过电子政务平台，公众可以便捷地举报政府工作中的违法违纪行为，相关部门能迅速响应，对举报事项进行调查处理，并及时反馈处理结果。这种公开透明的问责机制，增强了政府部门的责任意识和自律意识，减少了违法违规行为的发生。电子政务还通过数据分析与预警系统，对政府部门的工作绩效进行实时监控和评估，及时发现并纠正工作中的问题和不足，提高了政府部门的执行力和公信力。

三、电子政务在依法行政中的实践

电子政务是推动依法行政的重要工具，已在各级政府中得到广泛应用。通过电子政务平台，政府不仅提升了行政效率，还加强了行政决策的科学性、透明度以及行政监督与问责机制。本部分将深入探讨电子政务在依法行政中的具体实践，分析其在信息公开、在线服务、数据治理、公众参与等方面的应用成效，以期为进一步优化电子政务在依法行政中的作用提供借鉴与参考。

（一）政务服务"一网通办"

政务服务"一网通办"是电子政务在依法行政中的重要实践，它旨在通过整合政务资源、优化服务流程，实现政务服务事项的在线办理，提高政府服务效率和透明度（见表4）。

表4 "一网通办"平台服务特点表

服务特点	描述
整合政务资源	通过整合各级政府部门的政务服务资源，打破信息孤岛，实现数据共享和业务协同，避免群众和企业办事"多头跑、重复跑"的问题。
优化服务流程	通过流程再造和简化，减少不必要的审批环节和证明材料，缩短办理时限，提高服务效率。例如，企业开办全程网上办理，申请人在线提交材料即可完成多项事项。
提升服务透明度	所有政务服务事项在平台上公开，包括事项名称、办理条件、所需材料、办理流程、办理时限等信息，提供办理进度查询、结果反馈等功能。
强化数据治理	政府部门加强数据治理，确保数据的准确性、完整性和时效性，提升政府决策的科学性和精准性，为服务优化和监管提供数据支持。
推动公众参与	鼓励公众参与政务服务的评价和监督，通过在线评价、投诉建议等方式收集反馈意见，不断改进服务质量。

（二）行政审批制度改革与电子政务

行政审批制度改革是提升政府效能、优化营商环境的重要举措，而电子政务的广泛应用为这一改革提供了强大的技术支持和推动力。通过电子政务平台，行政审批流程得以优化，审批效率显著提升，同时增强了审批过程的透明度和公正性。

1. 审批流程的再造与优化

电子政务平台通过信息化手段对传统的行政审批流程进行了再造与优化。传统的审批流程往往涉及多个部门、多个环节，纸质材料流转繁琐，审批周期长。而电子政务平台通过在线申报、材料电子化、并联审批等方式，大幅简化了审批流程，缩短了审批时间。例如，企业注册登记、建设项目审批等复杂事项，现在可以通过电子政务平台实现"一网通办"，申请人只需在线提交一次材料，相关部门即可并联审批，大大提高了审批效率。

2. 审批标准的统一与规范

电子政务平台通过制定统一的审批标准和规范，有效提升了审批过程的公平性和一致性。传统审批模式下，各部门标准各异、流程不同，导致审批结果缺乏公平性和可预测性。而电子政务平台通过确立统一的审批标准、明确审批时限、规范审批流程，确保了审批的公正性和透明度。平台利用数据共享和交换机制，实现了审批信息的互联互通，避免了重复审批和信息孤岛，提高了审批效率。这些举措不仅优化了审批环境，也增强了公众对政府审批工作的信任和支持，推动了政府服务效能的整体提升。

3. 审批监督与问责机制的强化

电子政务平台通过信息化手段加强了行政审批的监督与问责机制。传统的审批过程中，由于缺乏有效的监督手段，容易出现审批权力滥用、审批效率低下等问题。而电子政务平台通过实时监控、数据分析等手段，对审批过程进行了全程跟踪和监督，确保了审批权力的规范行使。同时，电子政务平台还建立了完善的问责机制，对审批过程中的违规行为进行严肃处理，提高了审批工作的严肃性和权威性。

4. 审批服务的便捷化与智能化

电子政务平台通过智能化手段提升了审批服务的便捷性与智能化水平。传统审批流程复杂，申请人需频繁往返政府部门，耗费大量时间和精力。而电子政务平台实现了审批服务的全程在线化，申请人足不出户即可在线提交申请、实时查询进度、快速获取审批结果，简化了流程，节省了时间。平台利用大数据分析、人工智能技术，对审批数据进行智能分析，预测审批趋势，为申请人提供个性化服务建议，增强了服务的智能化和针对性。这些智能化措施不仅显著提高了审批效率，还优化了用户体验，使政府服务更加高效、便捷、智能，推动了政府治理现代化进程，提升了公众满意度和获得感。

5. 审批数据的整合与利用

电子政务平台通过数据整合与利用，显著提升了政府决策的科学性和精准性。传统审批模式下，部门间数据孤立，决策缺乏数据支撑。而电子政务平台打破了这一壁垒，实现了审批数据的互联互通和共享。政府能深度挖掘这些数据，洞悉市场动态、企业需求等关键信息，为政策制定提供坚实的数据基础。这不仅增强了政策的针对性和实效性，还有助于预测未来趋势，提前布局，推动经济社会持续健康发展。数据整合与利用成为政府决策现代化的重要驱动力。

（三）电子政务在行政执法中的应用

电子政务在行政执法中的应用显著提升了执法效率、规范性和透明度，推动了行政执法的现代化。通过在线执法平台，执法人员可高效处理案件，减少纸质流转，提升工作效率。移动执法设备实时记录并上传数据，实现信息共享与远程监控，增强执法即时性和准确性。电子政务打破信息壁垒，促进跨部门协同执法，避免重复劳动和执法盲区。同时，通过实时监控、数据分析等手段加强执法监督，建立问责机制，增强执法公信力和威慑力。公众可通过在线渠道举报、投诉，加强社会监督，提升执法透明度。智能化执法辅助利用 AI、大数据等技术，为执法提供科学依据，简化流程，提高效率，为依法行政提供有力支持。

第二节　大数据与行政决策支持

在信息化时代，大数据已成为推动政府治理现代化的重要力量。通过挖掘和分析海量数据，大数据为政府行政决策提供了新的数据支持和洞察力，有助于提升决策的科学性、精准性和预见性。本节将深入探讨大数据在行政决策支持中的应用，分析利用大数据技术优化决策流程、提高决策质量，以及面临的挑战与应对策略，以期为政府行政决策提供新的思路和方法。

一、大数据在行政决策中的价值

（一）大数据的定义与特征

大数据是指无法通过传统数据库工具在合理时间内进行捕获、管理和处理的庞大、复杂的数据集。它代表的是一个全新的数据处理方式，通过对大量数据的收集、整理和分析，可以揭示出数据中的模式、趋势和关联，进而支持决策和行动。这些数据体量常以 TB 甚至 PB 为单位，远远超出了传统数据库工具的处理能力，因而催生了分布式存储和并行处理技术等新型数据处理方法。大数据不仅包含结构化数据，如数据库中的表格信息，还涵盖了半结构化数据（如 XML、JSON 格式）和非结构化数据（如文本、图像、音频、视频等），这种多样性要求数据处理技术必须具备高度的灵活性和适应性。同时，大数据处理强调实时性或准实时性，要求系统具备高吞吐量和低延迟特性，以迅速响应决策需求。尽管大数据体量大、类型多、处理速度快，但其核心价值在于数据背后隐藏的规律和趋势。通过深度挖掘与分析，大数据能为行政决策提供科学依据，助力政府发现潜在问题、预测未来趋势，从而创造巨大的经济和社会价值。因此，大数据在行政决策中展现出无可比拟的优势，成为推动政府治理现代化的重要力量[1]。

（二）大数据对行政决策的意义

大数据技术在行政决策中的应用带来了多方面的积极影响。它能快速处理和分析海量数据，为政府决策者提供实时、全面的信息支持，显著提升决策的效率和准确性，确保决策的时效性。通过大数据分析，政府能预测未来可能的风险和问题，及时采取预防措施，有效避免或减轻潜在问题的影响。大数据以实际数据为基础，减少了人为数据操纵和偏见，增强了决策的客观性。大数据还促进了决策的民主性和参与性，使得决策评估过程更加开放和透明，不仅限于政府和专家，还包括公众参与，提高了决策的透明度和公众信任度。同时，它优化了决策流程，减少决策滞后性，提高了行政效率。跨部门数据共享和合作在大数据技术的推动下得到加强，提升了政府决策的整体效能。在政策创新方面，大数据帮助政府更好地理解社会需求和变化趋势，为政策制定和调整提供科学依据，推动了政策的前瞻性和创新性。在公共服务领域，大数据通过分析公众需求，提供了更为精准和个性化的服务，显著提高了服务质量和公众满意度[2]。

二、大数据在行政决策中的应用实践

大数据在行政决策中广泛应用，助力政策制定、资源配置、风险防控等，

---

[1] 许颖，孙琦 . 大数据时代计算机应用基础课程创新教学探讨 [J]. 信息与电脑（理论版），2015，（13）：172−173+175.

[2] 陈兴建 . 大数据时代背景下的行政管理问题探究 [J]. 开封教育学院学报，2017，37（05）：283−284.

为政府提供科学依据和有力支持，推动科学决策、精准施策，提升治理现代化水平。

（一）政策制定与评估

大数据在政策制定与评估中发挥着关键作用。通过整合多源数据，为政策制定提供全面信息基础，增强决策精准性和贴近民生。利用大数据分析和人工智能技术，深入挖掘数据价值，为政策制定提供科学依据。构建政策模拟模型，预测评估不同政策方案，降低试错成本，提升决策科学性。在执行阶段，大数据实现政策实施实时监控与动态调整，确保政策目标实现。同时，多维度评估政策效果，关注经济、社会、环境等多方面影响，为政策优化提供全面视角。通过长期跟踪对比分析，积累政策制定经验，为未来发展奠定基础。

（二）公共资源分配与优化

大数据在公共资源分配与优化中发挥着核心作用。通过收集并分析多源数据，大数据技术能精准识别各区域、各群体的实际需求，为政府提供有针对性的资源调配方案。实时数据监控使政府能动态调整资源配置，有效应对突发需求，避免资源浪费。同时，大数据助力政府优化资源配置策略，预测未来需求趋势，揭示资源使用瓶颈，提出改进建议，提升资源使用效率和公平性。大数据增强了公众参与与决策透明度，政府通过公开数据平台展示资源分配过程与结果，接受社会监督，公众则利用数据分析工具了解需求与资源使用情况，为政府提供反馈，促进政府与公众良性互动，共同推动公共资源分配与优化的进程。这些措施不仅提升了公共服务质量，还促进了社会公平与效率。

（三）应急管理与危机响应

在应急管理与危机响应中，大数据技术的应用为政府提供了强有力的支持，显著提升了应对危机的效率与准确性。通过整合社交媒体、环境监测、历史灾害记录等多源数据，大数据技术能提前识别潜在危机信号，实现危机预警与风险识别，为政府制定应急预案提供科学依据。在危机发生时，大数据迅速整合并分析危机现场数据，为政府提供即时、全面的决策支持，助力快速决策与资源调配。跨部门、跨区域的信息共享与资源调配得以实现，确保救援资源迅速、准确地送达现场。同时，大数据技术还能对危机现场进行实时监控，收集并分析实时数据，为政府提供动态决策支持，确保救援行动的有效性与针对性。危机应对过程的全程记录与分析，为事后评估与改进提供了宝贵数据。危机过后，大数据技术通过对救援效率、资源使用情况、公众满意度等关键指标的事后评估，帮助政府总结经验教训，为未来危机应对提供改进建议。大数据还助力政府建立危机应对案例库与知识库，为危机管理与决策提供持续支持，不断提升政府应对危机的能力。

三、大数据行政决策支持系统的构建

构建大数据行政决策支持系统，通过整合、分析大数据资源，为政府决策提供全面信息支持，助力精准施策、科学决策。本部分将探讨系统构建原则、架构、数据处理流程及智能分析功能，为政府决策提供高效智能支持。

（一）系统架构与设计

大数据行政决策支持系统的架构与设计，旨在构建一个高效、安全、灵活的决策支持平台。系统包括数据采集层、数据存储与管理层、数据处理与分析层、智能决策支持层、用户交互层及安全保障与合规性管理六大部分。数据采集层广泛收集多源数据，确保信息全面时效。数据存储与管理层保障数据安全高效。数据处理与分析层揭示数据规律与趋势。智能决策支持层提供智能化决策建议，持续优化模型。用户交互层促进有效互动与反馈收集。安全保障与合规性管理确保操作合法合规，保护隐私。通过这一架构，系统为政府决策提供强力支持，推动治理现代化。

（二）数据整合与处理

在大数据行政决策支持系统中，数据整合与处理是提取有价值信息、支持决策的关键。这一过程包括数据清洗，通过消除噪声、异常值和重复项，确保数据质量；数据转换与格式化，统一数据格式和结构，便于处理；数据整合，合并多源数据，形成完整视图，处理冲突和冗余；数据标准化与归一化，确保数据可比性；数据缺失值处理，填补空白，减少影响。整合后的数据需高效存储与管理，采用先进技术和分布式存储保障安全与快速访问。同时，建立数据质量监控机制，持续检查完整性、准确性和一致性，确保处理有效。这一系列步骤为大数据行政决策支持系统提供坚实数据基础，保障决策科学性和准确性，推动政府治理现代化。

（三）智能分析与决策支持

在大数据行政决策支持系统中，智能分析与决策支持功能扮演着核心角色，它运用先进的数据分析技术和人工智能算法，对整合后的数据进行深度挖掘和智能分析，为政府决策提供科学依据和精准建议。通过数据可视化技术，系统以图形、图表等形式直观展现复杂数据，帮助用户快速理解数据背后的信息和趋势，洞察关键信息和潜在风险。预测分析功能则利用历史数据构建模型，预测未来趋势和潜在风险，为政府提前应对挑战、优化资源配置提供决策支持。关联分析揭示数据间隐藏关系，为政府决策提供新视角和洞见。智能推荐与优化建议功能基于数据分析结果，为政府提供个性化政策组合和资源优化配置建议，提升决策科学性和精准性。同时，实时监控与预警系统对关键指标进行实时监控，及时发现并预警异常情况，助力政府迅速响应潜在风险。决策模拟与优化功能通过模拟不同决策方案，评估其潜在影响，帮助政府选择最优方案，并根据反馈数据不断优化模型，提升决策支持的准确性和有效性。这些智能分析与决策支持功能共同构成了大数据行政决策支持系统的核心竞争力，为政府决策提供了强大支持。

第三节　云计算在行政服务中的应用

随着信息技术的发展，云计算是一种新兴的计算模式，正逐步渗透到政府行政服务的各个领域，为提升政府服务效率、优化资源配置、增强服务灵活性提供了强大支持。本节将深入探讨云计算在行政服务中的具体应用，分析其对政府服务模式的影响与变革，以及面临的挑战与应对策略。

一、云计算概述及其优势

（一）云计算的定义与特点

1. 云计算的定义

云计算是一种基于互联网的相关服务的增加、使用和交付模式。这种模式能提供便利的、按需的、网络化的访问，连接可配置的信息资源共享池（包括互联网、服务器、应用软件、存储器及服务）。这些资源可以随时随地被调用，且管理工作量很少，或几乎不需要与服务提供商交互[1]。云计算是推动政府行政服务现代化的关键信息技术，通过基于互联网的计算方式，实现了计算资源的按需分配与高效利用。它允许用户动态调整资源使用量，无需关注资源的物理位置或配置，提升了服务的灵活性和响应速度。

2. 云计算的特点

云计算是一种新兴的计算模式，具备多项显著特点，这些特点共同构成了其强大的服务能力和灵活性。云计算提供弹性服务，能根据业务负载的动态变

---

[1] 李良.云计算概述及其在电子商务中的应用探析 [J].中国信息化，2018，（03）：50-51.

化快速伸缩服务规模，满足实际需求。资源池通过共享资源池和虚拟化技术，实现资源的统一管理和高效利用。按需服务则确保资源根据需求自动分配，减少人工干预。服务可计费通过监控资源使用量进行合理计费，增加透明度。资源可视化提供统一管理和使用报表，便于长期规划。超大规模和低成本特点使云计算能处理海量数据，同时降低成本。高可靠性通过多副本容错和节点同构技术确保服务稳定。虚拟化技术让服务无处不在，无论用户位置或何种终端。通用性和可扩展性使云计算支持多样应用和动态资源调整，满足不同需求。这些特点共同推动了云计算在多个领域的广泛应用，提升了服务效率和质量[1]。

（二）云计算对行政服务的意义

云计算对行政服务具有深远意义，主要体现在成本效益、灵活性与扩展性、数据集中管理、提高工作效率、强化服务能力、促进电子政务发展、提升透明度与监督以及促进政府职能转变等方面。云计算通过资源的有效利用和按需付费模式，显著降低了政府的 IT 基础设施投资和运维成本。其快速部署能力和弹性资源配置，使政府能灵活应对业务需求变化，并为未来扩展提供便利。云计算实现数据集中管理，便于数据分析、信息共享和业务协同。通过云平台简化工作流程，降低行政复杂性，提升工作效率。同时，云计算增强政府公共服务能力，搭建电子政务平台，满足公民多样化需求。作为电子政务发展趋势，云计算推动政府数字化转型，实现职能现代化。通过流程固化和线上操作透明性，提高政府工作透明度，加强内外部监督。最终，云计算促进政府从管理型向服务型转变，强化公共服务职能，提升回应度和信用度，推动政府治理现代化[2]。

---

[1] 桑磊. 云计算在物联网中的应用 [J]. 科技与企业，2011，（14）：59.

[2] 王楷. 基于云计算的电子政务发展研究 [J]. 软件导刊，2014，13（11）：1-2.

二、云计算在行政服务中的具体应用

云计算在行政服务中应用广泛，凭借其强大的数据处理、灵活资源分配及高效服务交付，为政府提供便捷、高效、安全的行政服务方案。具体应用涵盖提升服务效能、优化资源配置、增强服务灵活性等方面，助力政府提升治理能力，满足公众需求。

（一）政务服务云平台建设

政务服务云平台是政府利用云计算技术打造的统一在线服务平台，旨在提升服务效率、优化资源配置及增强服务灵活性。通过将传统 IT 基础设施云化，政府降低了硬件成本，实现了资源的动态分配与高效利用。业务系统上云促进了数据的共享与业务的协同，打破了信息孤岛，提升了服务效率。平台支持多租户架构，确保了数据的安全隔离与隐私保护。数据整合与共享机制打破了数据壁垒，为政府决策提供了科学依据。同时，平台提供丰富的在线服务入口与移动应用，方便公众随时获取服务，个性化推荐与智能客服功能则进一步提升了用户体验。政务服务云平台遵循法律法规，建立了完善的安全保障体系，采用多层次防护措施确保数据安全，定期进行安全审计与风险评估，确保服务的连续性与可靠性。通过这一系列措施，政务服务云平台有效推动了政府服务的现代化转型。

（二）数据共享与交换平台

数据共享与交换平台是政务服务云平台的核心组件，致力于打破信息孤岛，促进政府各部门间的数据流通与共享，从而提高政府服务效率和决策科学性。该平台通过构建统一的数据标准和交换协议，确保了不同系统间的数据互联互通。其分层架构包括数据采集、存储、处理、交换和管理等多个层面，共同实现数据的全面收集、高效处理与安全存储。平台严格遵循数据标准和交换协议，确保数据的一致性和可比性，同时采取加密传输、访问控制等安全措施，保护数据在传输与存储中的安全，并特别关注个人隐私数据的脱敏处理。数据共享与交换平台的应用场景广泛，涵盖跨部门业务协同、公共资源配置及政策效果评估等，有助于政府更精准地把握社会需求，提升政策制定的科学性与针对性，同时促进部门间业务协同，提高服务效率与质量。该平台还通过整合与分析数据资源，降低了政府信息化建设成本，避免了重复建设，并显著提升了数据利用效率和决策水平，为政府服务带来了实实在在的效益。

（三）在线办事与审批系统

在线办事与审批系统是政务服务云平台的关键组成部分，通过数字化手段简化了办事流程，提升了审批效率，为公众提供了更加便捷、高效的政务服务体验。该系统集成了在线申请、进度查询、结果反馈等功能，打破了传统办事模式的时间和空间限制，使公众无需再到现场排队等待，只需在线提交申请并实时查询进度。系统支持电子证照的生成与管理，减少了纸质材料的重复提交，实现了跨部门、跨事项的材料复用。通过云计算、大数据等技术的应用，系统能自动处理大量申请事项，减少人工干预，显著提升审批效率，同时增强服务透明度，优化公众办事体验。系统还促进了跨部门、跨地区的数据共享与协同，有助于打破信息孤岛，提升政府整体服务水平。以某省政务服务网为例，其实施的在线办事与审批系统显著提高了政务服务效率，赢得了公众的高度评价。

（四）智能分析与决策支持系统

智能分析与决策支持系统是政务服务云平台的核心组成部分，集成了大数据分析、人工智能、机器学习等先进技术，为政府提供了强大的数据分析和决策支持能力。该系统通过数据采集、处理与分析、模型构建与训练等模块，从海量数据中挖掘有价值的信息和模式，为政府决策提供科学依据。其核心技术包括大数据分析揭示数据规律、人工智能实现自动化决策、机器学习优化决策准确性及深度学习处理复杂数据，广泛应用于经济预测、政策评估、资源配置和风险管理等领域，显著提升政府决策的科学性、精准性和效率。然而，在实施过程中，智能分析与决策支持系统也面临数据质量不高、数据孤岛、技术人才短缺等挑战。为应对这些挑战，政府需加强数据治理和共享机制建设，提升数据质量和可用性；同时，加大技术人才培养和引进力度，增强政府技术能力；并积极与高校、科研机构等合作，共同推动系统研发和应用。通过这些措施，智能分析与决策支持系统将进一步发挥其潜力，为政府提供更加全面、精准的决策支持，推动政府治理现代化进程。

三、云计算行政服务应用的挑战与对策

随着云计算技术在行政服务领域的广泛应用，其在提升服务效率、优化资源配置等方面展现出巨大潜力。然而，云计算行政服务应用也面临着诸多挑战，如数据安全与隐私保护、技术可靠性与稳定性、人员技能与培训等。为应对这些挑战，政府需采取一系列对策，确保云计算行政服务应用的安全、高效与可持续发展。本部分将深入探讨云计算行政服务应用面临的挑战及相应的对策措施。

（一）数据安全与隐私保护

在云计算行政服务应用中，数据安全与隐私保护成为亟待解决的关键挑战。随着政府服务向云端迁移，大量敏感数据集中存储于云平台，面临数据泄露、隐私侵犯及合规性等多重风险。为应对这些挑战，政府需采取一系列综合措施：加强数据加密，确保敏感数据在传输和存储过程中的安全性，即使数据被非法获取也难以解读；实施严格的访问控制机制，根据用户身份和权限分配数据访问权限，防止未经授权的访问；同时，定期进行安全审计和漏洞扫描，及时发现并修复安全漏洞，保障云平台的安全性。政府还需加强合规性管理，

确保云服务提供商及其数据处理活动符合 GDPR、《中华人民共和国网络安全法》等相关法律法规要求，避免法律纠纷。为提升隐私保护意识，政府应开展隐私保护培训，对政府工作人员和云服务提供商进行教育，减少隐私侵犯风险。最后，建立应急响应机制，制定数据安全应急预案，以应对可能的数据泄露或隐私侵犯事件，迅速响应并减少损失。通过这些综合措施的实施，政府能更有效地保障云计算行政服务中的数据安全与隐私保护，推动政府服务的现代化转型。

（二）技术可靠性与稳定性

在云计算行政服务应用中，技术可靠性与稳定性至关重要，它直接关系到政府服务的连续性和用户体验。面对服务中断、性能波动及数据一致性等挑战，政府需采取一系列对策来确保云计算平台的稳定运行。采用高可用架构，通过负载均衡、冗余部署等技术手段，增强平台的容错能力和自我恢复能力，确保在部分组件故障时服务不中断。加强系统监控与运维，建立实时监测系统，及时发现并处理潜在问题，利用自动化运维工具提升响应速度，降低服务中断风险。同时，优化资源分配与管理，根据业务需求动态调整资源，确保高效利用并防止单一业务影响整体平台。实施数据一致性策略，采用强一致性或最终一致性等方法，确保分布式系统中的数据准确同步，减少数据冲突。定期进行应急演练，建立应急响应机制，提高团队应对突发事件的能力，确保在紧急情况下能迅速恢复服务，保障政府服务的连续性和稳定性。

（三）人员技能与培训

在云计算行政服务应用中，人员技能与培训成为确保服务质量和效率的关键。随着技术的快速迭代，政府工作人员需不断适应云计算领域的新变化，掌握跨领域知识，并强化安全合规意识。为此，政府应制定详尽的培训计划，针对不同岗位需求开展多层次、多形式的培训，既涵盖云计算技术、数据管理、安全防护等技术层面，也涉及业务流程优化、服务创新等业务领域。通过模拟演练、案例分析等实践环节，增强工作人员的实际操作能力。同时，建立学习社群，促进知识共享与合作，形成持续学习的良好氛围。定期的技能考核与评估也是必不可少的，它能帮助政府及时了解工作人员的学习成效，适时调整培训策略，确保培训效果。通过这些措施，政府能不断提升工作人员的技能水平，为云计算行政服务的高效运行提供坚实的人才保障。

第四节　信息安全与隐私保护

在云计算行政服务日益普及的今天，信息安全与隐私保护成为政府不可忽视的重要议题。随着大量敏感数据被存储在云端，如何确保数据的安全性和隐私性，防止数据泄露和滥用，成为政府必须面对和解决的挑战。本节将深入探讨云计算行政服务中的信息安全与隐私保护问题，分析面临的挑战，并提出相应的解决策略，以期为政府提供有效的指导和实践参考。

一、信息安全与隐私保护的重要性

（一）信息安全的基本概念

信息安全是指保护信息和信息系统避免未经授权的访问、使用、破坏、监视记录和销毁。它涉及计算机科学、网络技术、通信技术和应用数学等众多领域知识。信息安全的主要目标是保护信息资源以免受毁坏、替换、盗窃和丢失，包括但不限于硬件、软件、数据等方面的安全性。信息安全强调的核心在于保证信息的保密性、可用性、可控性和不可否认性。

在云计算行政服务领域，信息安全直接关系到政府数据的安全存储、传输以及服务的连续性和公众信任度。信息安全的核心在于确保信息的保密性、完整性和可用性。保密性要求保护政府敏感信息不被未授权访问或泄露，防止其被用于非法目的；完整性则确保信息在传输、存储和处理过程中保持准确无误，防止被篡改或破坏；可用性则强调授权用户能随时访问和使用信息，确保政府服务不受中断，即使面临外部攻击、自然灾害等突发事件也能迅速恢复。

随着云计算技术的普及，信息安全面临的挑战日益复杂，包括黑客攻击、内部泄露、系统漏洞等多种威胁。因此，政府必须高度重视信息安全，采取先进技术手段和管理措施，如加密技术、访问控制、定期安全审计等，建立健全的信息安全管理体系。同时，提升全体工作人员的信息安全意识，加强培训和教育，也是保障信息安全不可或缺的一环。通过这些努力，政府能确保云计算行政服务的安全运行，维护公众利益和政府形象，推动政府服务的现代化转型[1]。

（二）隐私保护的原则与价值

隐私保护在云计算行政服务中至关重要，它关乎公民个人信息的安全与自由，体现了政府对公民权利的尊重。隐私保护的原则包括合法性原则、目的明确原则、最小化原则、安全保障原则和责任明确原则，这些原则共同构成了隐私保护的基石，确保个人信息的收集、处理、存储和传输合法合规，减少对个人隐私的侵扰，并保障信息的安全。隐私保护的价值在于尊重个人权利，维护个人尊严和自由；增强公众对政府及云服务提供商的信任，提升政府服务的公信力和满意度；促进数字经济的健康发展，为经济发展注入新动力；同时，减少因隐私泄露引发的社会矛盾和冲突，维护社会稳定和谐。因此，政府及云服务提供商应严格遵守隐私保护原则，采取有效措施保障个人信息安全，为构建和谐社会、促进经济发展贡献力量。

---

[1] 曾嘉、朱士风. 信息安全、网络安全、网络空间安全初探 [J]. 中国新通信，2017，19（05）：76-77.

二、行政服务中的信息安全与隐私保护挑战

在云计算技术广泛应用于行政服务的背景下，虽然提升了服务效率与便捷性，但同时也带来了信息安全与隐私保护方面的诸多挑战。随着数据量的激增和传输频次的加快，如何确保数据的安全存储、合规使用以及隐私的有效保护，成为政府必须面对和解决的关键问题。本部分将深入探讨行政服务中信息安全与隐私保护所面临的挑战，为制定有效的应对策略提供依据。

（一）数据泄露与非法访问

在行政服务领域，数据泄露与非法访问成为信息安全与隐私保护的主要挑战。随着云计算技术的普及，大量政府敏感数据被集中存储在云端，面临着系统漏洞、人为错误及外部攻击等多重威胁。黑客可能利用技术漏洞或社会工程学手段获取访问权限，窃取或篡改数据，严重威胁国家安全、社会稳定及公民隐私。同时，非法访问行为也屡见不鲜，无论是内部人员的不当操作还是外部黑客的攻击，都可能导致数据滥用、系统破坏或服务中断，影响政府服务的正常运行。这些挑战之所以严峻，在于其隐蔽性和复杂性，黑客技术不断更新，攻击手段日益多样，而政府信息系统结构复杂，涉及多个部门和层级，管理难度大。员工的安全意识和操作习惯也是关键因素。因此，政府需采取综合措施，如加强数据加密、实施严格访问控制、定期安全审计和漏洞扫描、提升员工安全意识等，构建全方位的数据安全防护体系，确保行政服务中的信息安全与隐私得到有效保障。

（二）系统脆弱性与攻击

在行政服务领域，云计算平台的系统脆弱性对信息安全与隐私保护构成重大挑战。技术实现缺陷、配置错误或安全管理缺失可能导致系统易受攻击，如代码漏洞、弱密码、开放不必要服务端口等问题，为黑客提供入侵机会。面临

的攻击类型多样，包括 DDoS、SQL 注入、XSS 和零日攻击等，这些攻击手段不断进化，对防御能力提出更高要求。系统脆弱性持续存在，新型攻击手段不断涌现，使得防御工作复杂艰巨。同时，攻击者可能利用社会工程学手段绕过技术防御，增加防御难度。在行政服务中，系统连续性和可用性至关重要，任何攻击都可能导致服务中断，后果严重。因此，政府需采取多层次防御策略，包括加强系统安全配置、定期更新漏洞、实施严格安全策略、加强安全监控和应急响应能力等，以应对系统脆弱性和攻击挑战。通过构建全方位防御体系，确保云计算平台安全稳定运行，保障政府数据的安全与隐私，维护行政服务的连续性和可用性。

（三）合规性与法律风险

在行政服务中，云计算平台的合规性与法律风险成为政府必须直面的重要挑战。随着数据保护法规的日趋严格和国际化，政府需确保云计算服务的合规性，避免跨境数据流动违规及隐私保护不力等问题。法律法规的多样性和数据跨境流动限制要求政府在使用云计算服务时，必须严格遵守相关国家和地区的法规，确保数据处理的合法性。同时，隐私保护要求的提升也促使政府加强数据安全管理，防止数据泄露和非法使用。面对潜在的罚款、法律诉讼、服务中断和数据丢失等法律风险，政府需采取一系列应对措施，包括加强法规学习与培训、选择合规的云服务提供商、实施严格的数据安全管理措施以及建立应急响应机制。这些措施旨在提升政府工作人员的合规意识，确保云服务提供商的合规性，保障数据的安全性和合规性，以及有效应对数据泄露等突发事件，从而维护政府形象、公信力和服务的连续性与稳定性。

三、加强信息安全与隐私保护的措施

面对行政服务中信息安全与隐私保护的诸多挑战，政府必须采取一系列有效措施，以加强信息安全与隐私保护，确保政府数据的安全对公民隐私的尊重。本部分将深入探讨加强信息安全与隐私保护的具体措施，旨在为政府提供一套全面、可行的解决方案。

（一）技术防护手段

在加强信息安全与隐私保护的过程中，技术防护手段发挥着至关重要的作用。通过采用数据加密技术，对存储在云端的数据进行强加密处理，确保数据在传输和存储过程中的安全性。同时，实施严格的访问控制机制，利用多因素认证和角色基于访问控制等技术，确保只有授权用户才能访问敏感数据。部署防火墙和入侵检测系统，对进出网络的数据包进行实时监控和过滤，有效阻止恶意攻击和未经授权的访问。建立完善的安全审计和日志管理机制，记录关键行为，为安全事件的调查和追溯提供依据。定期进行漏洞扫描和补丁管理，确保系统及时修复漏洞，减少安全风险。同时，建立完善的数据备份与恢复机制，提高数据的可靠性和可用性。最后，利用云服务提供商提供的安全服务，如 DDoS 防护、安全监控等，增强系统的整体安全防护能力。通过这些技术防护手段的综合运用，政府能显著提升行政服务中的信息安全与隐私保护水平。

（二）管理制度与流程

在加强信息安全与隐私保护的过程中，建立健全的管理制度与流程是确保技术防护手段有效实施的核心。政府需制定全面的信息安全政策与标准，明确信息安全目标、原则、责任及处罚措施，并依据行业标准和国家法律法规制定具体的信息安全标准。同时，构建信息安全管理体系，涵盖组织、职责、风险评估、策略制定、控制措施实施及培训等多个方面，确保信息安全工作有章可循、责任到人。政府还需实施信息安全培训与意识提升计划，增强工作人员的信息安全意识和技能。定期进行信息安全审计与检查，评估措施的有效性和合规性，及时补救漏洞。制定详细的应急响应计划，以应对可能的信息安全事件，减少损失。在与云服务提供商等第三方合作时，应明确双方在信息安全与隐私保护方面的责任，加强安全评估和监督。完善数据分类与访问控制流程，确保敏感数据仅由授权人员访问，防止泄漏和滥用。通过这些制度与流程的建立，政府能确保信息安全与隐私保护工作的系统性和规范性，有效应对信息安全挑战。

（三）合规性审查与审计

在加强信息安全与隐私保护中，合规性审查与审计至关重要。政府需建立健全的合规性审查机制，明确审查范围、标准和流程，确保数据处理和存储活动符合法律法规要求。同时，实施定期合规性审计，评估业务活动的合规性，确保数据生命周期内的安全。加强第三方合规性评估，提供客观专业的评估结果，及时发现并纠正不合规行为。建立合规性反馈与改进机制，确保问题得到及时整改，防止再次发生。加强合规性培训与教育，增强工作人员的法律意识和合规意识，培养高度合规的工作队伍。通过这些措施，政府能有效降低法律风险，保障政府服务的安全性和可靠性。

（四）应急响应与恢复计划

在信息安全与隐私保护领域，应急响应与恢复计划是应对突发信息安全事件、保障政府服务连续性和稳定性的关键措施。政府需制定详细的应急响应计划，明确事件报告、初步响应、调查分析、处置措施及恢复重建等流程，确保在事件发生时能迅速、有序地应对。同时，组建专业的应急响应团队，通过定期应急演练提升团队应对突发事件的能力与效率。建立高效的事件报告机制，确保信息及时传递与处理。在事件控制后，迅速启动数据恢复与重建工作，利用备份数据和技术手段恢复受损系统，确保服务连续性。加强内部沟通与协作，与云服务提供商、安全机构等外部伙伴保持密切联系，共同应对信息安全挑战。通过这一系列措施，政府能有效减轻信息安全事件的影响，保障政府服务的稳定运行，维护公众利益和政府形象。

第八章

法治中国建设下的依法行政展望

在全面依法治国战略的深入实施下，依法行政是法治政府建设的核心环节，正逐步迈向新的发展阶段。面对新时代的新要求，如何进一步推进依法行政，提升政府治理能力和水平，成为构建法治中国的重要议题。本章将深入探讨法治中国建设背景下依法行政的未来发展趋势、面临的新挑战与机遇，以及相应的应对策略与创新路径，以期为法治政府建设和全面依法治国战略的深入实施提供有益参考和前瞻性思考。

第一节　新时代依法行政的新要求

随着全面依法治国战略的持续推进和法治中国建设的不断深化，依法行政是法治政府建设的关键环节，面临着新的时代要求和挑战。在新时代背景下，进一步规范行政行为、提升行政效能、强化法治保障，成为依法行政工作必须深入思考和积极应对的重要课题。本节将详细阐述新时代依法行政的新要求，分析这些要求背后的深层次原因，并探讨如何有效应对这些要求，以推动依法行政工作不断向前发展。

一、新时代背景与依法行政的重要性

（一）新时代的法治中国建设目标

学习党的十九大理论，深刻领会中国特色社会主义战略思想。党的十九大报告明确提出，全面依法治国是中国特色社会主义的本质要求和重要保障，这是新时代对于法制认识的进一步深化。党的十九大报告绘制了新时代法治建设的宏伟蓝图，是全面依法治国的指导思想和行动纲领，党的十九大进一步明确了新时代法治建设的总体目标和重要任务。新时代的法治中国建设目标聚焦于构建一个全面依法治国、科学立法、严格执法、公正司法、全民守法的社会主义法治体系。这一目标深刻体现了国家治理体系和治理能力现代化的内在要求，是推进国家治理现代化的关键路径。全面依法治国强调法律在国家治理中的核心地位，确保国家各项工作依法运行，维护社会公平正义和秩序稳定。科学立法要求立法工作遵循科学原则，确保法律的科学性、合理性和前瞻性，广泛听取民意，反映社会需求，避免法律滞后。严格执法则要求行政机关和执法人员依法行使职权，保障人民权益，加强执法监督，防止权力滥用。公正司法要求司法机关中立公正，确保案件审理和判决的公正性，加强司法透明度和司法人员培训。全民守法则倡导公民自觉遵守法律，提升法律意识，形成尊法学法守法用法的社会风尚，鼓励公民参与法治实践，共同推动法治中国建设。这些目标相互关联、相互促进，共同构成了新时代法治中国建设的宏伟蓝图[1]。

（二）依法行政在法治建设中的基础地位

依法行政在法治建设中占据基础且不可替代的地位，是法治政府建设的基石，也是实现全面依法治国战略的关键。它要求政府所有行为严格遵循法律框架，确保行政权力的合法性与正当性，从而树立法律权威，增强公众信任，为法治政府奠定坚实基础。依法行政的核心在于保障公民权利与自由，通过依法行使权力，确保公民基本权利不受侵犯，维护社会公平正义与和谐稳定。同时，依法行政对推动社会经济发展至关重要，它能营造公平、透明、可预期的市场环境，激发市场活力，维护市场秩序。依法行政还通过依法行使职权、公开透明处理事务，提升政府公信力，为有效治理提供重要基础。更重要的是，依法行政促进了国家治理体系和治理能力的现代化，通过优化决策机制、完善执行体系、加强监督制约，提升了政府治理的科学性、规范性和有效性，为构建系统完备、科学规范、运行有效的国家治理体系提供了有力支撑。

二、新时代依法行政的新要求

随着全面依法治国战略的深入实施和法治中国建设的不断推进，依法行政面临着新的时代要求和挑战。在新时代背景下，进一步规范行政行为、提升行政效能、强化法治保障，成为依法行政工作必须深入思考和积极应对的重要课题。本节将详细探讨新时代依法行政的新要求，分析这些要求背后的深层次原因，以期为依法行政工作提供新的思路和方向。

---

[1] 杨霄晗. 新时代中国法制建设的现实意义 [J]. 法制博览，2018，（23）：128.

（一）全面依法治国战略的深入实施

全面依法治国进入新的历史时期，今后如何继续推进全面依法治国是必须思考和回答的重大问题。作者认为，全面依法治国将以系统推进、协同推进、有效推进、加速推进等新的推进方式深化发展，接续前行，必将取得新的更大成就。全面依法治国战略的深入实施，旨在推动我国国家治理体系和治理能力现代化。这一战略的核心在于完善法律法规体系、提高司法公信力和推进依法行政。完善法律法规体系是基础，通过制定和修订法律，确保法律体系的科学性、统一性和时效性，为经济社会发展提供坚实的法治保障。提高司法公正是关键，司法机关需依法独立行使审判权，加强司法队伍建设，确保司法活动的公正、透明和权威。推进依法行政则是重要任务，政府应严格依法履行职责，保障人民权益，加强行政执法规范化建设，完善执法程序和监督机制，防止权力滥用和腐败。这些举措共同构成了全面依法治国战略的支柱，推动了我国法治建设的不断进步，为经济社会发展提供了有力保障[1]。

（二）政府职能转变与简政放权

政府职能转变与简政放权是中国行政体制改革的核心内容，旨在优化政府职能，提升社会管理有效性。政府职能转变强调从管理型政府向服务型、法治型政府转变，强化社会管理和公共服务职能，减少对市场的直接干预，促进市场资源配置的决定性作用。这一转变要求政府"管好该管的"，强化社会公共事务和市场监管，减少对经济活动的直接干预。简政放权是政府职能转变的重要途径，通过减少行政审批、下放行政权力，实现政府对市场和社会的适度干预。具体措施包括精简审批项目、减少企业干预、下放决策权，旨在激发市场

---

[1] 卓泽渊 . 全面依法治国的新推进 [J]. 中国领导科学，2019，（06）：48-51.

活力，降低行政成本，推动经济结构优化。简政放权的目标在于构建服务型政府，提供高效公共服务，满足民众需求。然而，简政放权过程中面临挑战，如地方政府承接能力不足、部门间协调问题、放权效果与预期差距等。需优化政府结构，理顺职责，完善协调机制，加强权力监管，并处理利益冲突。同时，加强监督和反馈，确保改革落地，缩小预期与实际差距[1]。

（三）法治政府建设标准的提升

随着全面依法治国战略的深入实施，法治政府建设标准正不断提升，以适应新时代的发展需求。这主要体现在法律法规体系的不断完善，确保政府行为有法可依；行政决策更加注重合法性与科学性，严格遵守法定程序，运用科学方法提升决策质量；行政执法强调规范性与公正性，保障人民权益，防止权力滥用；政府信息公开透明，增强公信力，促进公民参与；公民权利保障与救济机制健全，确保权益受损时能得到及时有效救济；同时，建立严格的政府责任与问责机制，确保行为合法正当，违法必究。这些标准的提升，共同推动法治政府建设向更高水平迈进，为经济社会发展提供坚实法治保障。

三、新时代依法行政的实践路径

在全面依法治国战略和法治政府建设目标的指引下，新时代依法行政的实践路径逐渐清晰。面对新的时代要求和挑战，政府需不断探索和创新依法行政的方式方法，以适应经济社会发展的新需求，推动法治政府建设不断取得新成效。本节将深入探讨新时代依法行政的实践路径，在新时代背景下，通过完善制度体系、加强监督与问责、提升法治素养以及推动信息化融合等措施，推动依法行政向纵深发展。

---

[1] 李超，宋涛，刘潇阳. 深入推进简政放权转变政府职能 [J]. 行政科学论坛，2019，（05）：12-15.

（一）完善依法行政的制度体系

在新时代背景下，完善依法行政的制度体系是推进法治政府建设的关键。这一体系需涵盖立法、执法、监督、公开、宣传及信息化融合等多个方面，确保行政行为合法合规。政府应积极参与立法，推动相关法律法规的制定和完善，提高立法质量，确保行政行为的法律依据充分明确。同时，完善行政执法规范，明确执法权限、依据和流程，防止滥用职权，提升执法水平。建立健全行政监督体系，强化人大、司法、社会等多层次监督，加大违法行政行为查处力度，保障公民合法权益。推进政务公开，主动公开行政信息，增强政府透明度。加强法治宣传教育，提升全民法治意识。推动依法行政与信息化融合，利用现代信息技术提高行政效率，实现行政管理智能化。通过这些措施，构建系统完备、科学规范、运行有效的依法行政制度体系，为法治政府建设提供坚实保障。

（二）加强依法行政的监督与问责

加强依法行政的监督与问责，是确保政府行为合法合规、提升政府公信力的核心举措。在新时代背景下，需构建多元化、多层次的监督体系，包括人大、政协、司法及社会监督等，形成对政府行为的全方位、全过程监督网络。同时，建立健全问责机制，明确问责主体、程序及标准，对违法违规行为依法依规严肃处理，增强问责的震慑力。推进政务公开，加大信息公开力度，保障公民知情权、参与权和监督权，提升政府工作透明度。鼓励社会参与监督，拓宽监督渠道，形成政府与社会共治的良好氛围。加强政府工作人员法治教育培训，提升其依法行政意识和能力，确保政府行为合法合规。通过这些措施，共同推动依法行政水平的不断提升，为法治政府建设奠定坚实基础。

（三）提升行政机关及其工作人员的法治素养

提升行政机关及其工作人员的法治素养，是推进依法行政、构建法治政府的关键。在新时代背景下，需加强法治教育培训，定期组织学习法律法规、依法行政理念及执法规范，提升法治意识和法律素养，增强运用法治思维解决问题的能力。同时，完善考核评价机制，将法治素养纳入考核体系，激励工作人员不断提升。强化法治文化建设，营造尊法学法守法用法的氛围，鼓励参与法治实践。领导干部应发挥表率作用，带头学法守法用法，带动全体工作人员提升法治素养。加强法治宣传与普及，利用媒体平台广泛传播依法行政的重要性及法律知识，增强公众法治意识，形成全民守法的社会氛围。这些措施共同推动行政机关及其工作人员法治素养的提升，为依法行政和法治政府建设提供坚实保障。

（四）推动依法行政与信息化深度融合

在新时代背景下，推动依法行政与信息化深度融合，是提升政府治理效能和服务能力的核心策略。通过构建统一的电子政务平台，实现政府服务事项的在线办理、审批与查询，不仅提高了行政效率，还促进了政府信息的公开透明，增强了公信力。同时，利用大数据技术，政府能精准把握社会需求，科学预测发展趋势，为制定合理政策提供坚实依据。人工智能技术的引入，则进一步提升了政务服务的智能化水平，实现了 24 小时在线响应，提高了服务效率和质量。在此过程中，信息安全保障成为重中之重，政府需建立健全信息安全管理体系，确保数据安全和隐私保护。信息化手段还打破了部门壁垒，推动了跨部门信息共享与业务协同，提升了政府服务的整体效能。最后，持续完善法律法规体系，为依法行政与信息化的深度融合提供法律保障，确保政府行为合法合规，推动政府治理向科学化、精细化、智能化方向发展。

第二节　法治政府建设的目标与路径

在全面依法治国的大背景下，法治政府建设成为推动国家治理体系和治理能力现代化的关键一环。明确法治政府建设的目标，并探索有效地实现路径，对于提升政府公信力、保障公民权利、促进社会公平正义具有重要意义。本节将深入探讨法治政府建设的长远目标、具体路径以及实现这些目标所需的策略与措施。

一、法治政府建设的总体目标

（一）明确法治政府的核心特征

法治政府的核心特征在于其依据法律来管理和指导行为，具体包括六个方面：第一，法治政府是有限政府，其职能、权力和行为范围均依法设定，不得超越法律界限，防止权力滥用。第二，责任政府，政府及其官员的职责和责任受法律约束，必须为其决策和行为承担法律责任，并接受监督。第三，诚信政府强调政府必须诚实守信，履行与民间的承诺和合约，依法行使职能。第四，透明政府要求政府的决策、操作过程和结果保持开放透明，保障民众知情权和监督权，预防腐败。第五，效能政府追求高效行政和服务质量，确保政府工作高效执行，公共服务有效提供。最后，服务型政府以民众需求为核心，提供必要的公共服务，是政府行使职能的根本目的。这些特征共同构建了法治政府的理论框架和实践要求，确保政府权力合法、合理行使，有效服务于民众需求 [1]。

（二）设定法治政府建设的长远目标

在全面依法治国战略的指引下，法治政府建设的长远目标聚焦于构建公正、透明、高效、可持续的政府治理体系。这些目标旨在确保政府治理全面法治化，依法行政成为基本准则，通过完善法律法规体系、加强法治宣传教育和

---

[1] 徐爱国，李桂林，郭义贵 . 西方法律思想史 [M]. 北京：北京大学出版社，2002.

提升公务员法治素养，实现政府行为严格依法进行。同时，致力于提升政府服务效能，优化行政流程、简化审批程序、推广电子政务，降低办事成本，加强跨部门协作，实现资源共享，提高服务质量和效率。保障公民权利与自由，建立健全权利救济机制，确保公民权利得到有效保护。法治政府还促进社会公平正义，完善法律法规、加强执法监督和推进司法公正，消除社会不公，关注弱势群体，促进社会和谐。最终，推动经济社会可持续发展，制定科学合理政策，促进资源节约、环境保护和生态文明建设，加强国际合作，共同应对全球性挑战，实现经济、社会与环境的协调发展。

二、法治政府建设的具体路径

法治政府建设需宏观引导与微观操作并行，通过制度建设、机制创新、能力提升等多途径推进。具体路径涵盖法律完善、流程优化、监督强化等，以实现治理体系和能力的现代化。

（一）完善政府立法与制度建设

完善政府立法与制度建设需从多方面入手，包括完善立法起草和修改机制，确保立法经过充分研究和综合多方意见，提高立法质量和效率；加强公众参与，通过网上征求意见、座谈会、听证会等多种途径广泛收集公众意见，增强立法民主性和透明度；强化法制审查，确保行政规范性文件合法、公正、合理；提升立法质量，确保法律可执行、权力划分合理、责任明确；合理划分立法权限，避免权力过度集中或分散；加强备案审查，完善审查处理程序和反馈机制，提升效率和公正性；探索创新立法工作机制，结合地方创新做法，提高立法有效性和公众接受度；实现立法与改革衔接，为改革提供及时法律保障；完善行政立法过程中的公众参与和监督，通过立法听证会、专家论证会等方式，确保立法公开透明，接受社会监督。这些措施共同构成完善政府立法与制度建设的关键路径，推动国家法治进步 [1]。

（二）强化政府依法行政能力

强化政府依法行政能力，是法治政府建设的核心任务。这要求政府不仅加强法治教育培训，提升公务员的法律素养和依法行政能力，还需完善行政执法体系，确保执法行为严格依法进行，同时加强对执法行为的监督，防止滥用职权。推进依法行政信息化建设，利用现代信息技术提高政府依法行政的效率和透明度，实现服务事项在线办理，增强决策科学性。建立健全依法行政考核评价机制，将依法行政纳入政府绩效考核，激励依法行政行为，严肃处理违法行政。同时，加强法治宣传与普及，提高全社会对依法行政的认识和支持，形成全社会共同推进依法行政的良好氛围。通过这些综合措施，不断提升政府依法行政能力，确保政府行为始终在法治轨道上运行。

（三）推进政府决策科学化、民主化、法治化

推进政府决策科学化、民主化、法治化，是法治政府建设的关键任务，旨在提升政府治理效能。政府需建立科学的决策机制，运用现代科技手段为决策提供科学依据，同时加强决策咨询和专家论证，确保决策过程的专业性和科学性。在决策中，政府应广泛听取民意，尊重公众知情权、参与权和监督权，通过公众参与机制让公众直接参与决策，增强决策的社会认同感和执行效果。政府必须依法行使决策权，确保决策内容符合法律法规，严格遵守法定程序，建立健全决策责任追究机制，对违法决策行为依法追责，维护法治权威。通过这些措施，政府决策将更加科学、民主、法治，为经济社会发展提供坚实保障。

---

[1] 关于完善立法体制 [J]. 中国卫生法制，2015，23（03）：2.

（四）优化政府服务，提升政府效能

优化政府服务、提升政府效能，是新时代政府治理的核心目标。政府应持续简化行政流程，推行"一网通办""最多跑一次"等改革，减少审批环节和证明材料，提高行政效率，降低办事成本。同时，强化在线服务，利用电子政务平台提供在线办理、进度查询等一站式服务，拓宽服务渠道，提升便捷性。推进跨部门协同，打破信息孤岛，实现数据互联互通，提升服务整体效能。注重公众需求导向，广泛收集意见，调整服务内容，确保贴近民生。加强监督与评估，建立健全机制，定期评估服务效能，及时整改问题，提升服务质量。培养专业人才队伍，提升工作人员专业素养和服务意识，为公众提供优质高效服务。通过这些措施，政府能更好满足公众需求，推动经济社会持续健康发展。

（五）加强政府诚信建设，提升政府公信力

政府诚信是提升公信力的基石，对建设法治政府、服务型政府至关重要。需强化政府诚信意识，通过教育培训增强工作人员诚信责任感，确保诚信原则贯穿工作始终。完善政府诚信制度，明确责任义务，规范决策、执行、监督等环节，确保行为合法透明。加强诚信监督，通过多种监督方式形成有效震慑，严惩失信行为。推进政府信息公开，确保透明度，增强公众信任。加强政府与社会互动，广泛听取意见，积极回应关切，提升开放性和包容性。建立健全诚信评价体系，全面客观评价政府及工作人员诚信行为，与绩效挂钩，推动诚信建设深入发展。这些举措共同促进政府诚信建设，提升公信力，增强公众信任和支持，为政府决策顺利实施和社会稳定提供坚实保障。

三、法治政府建设的保障措施

法治政府建设需要制度机制、监督评估、法律素养、执法能力、公众参与

和社会监督等多方面保障。建立健全制度机制，强化监督评估，提升法律素养与执法能力，鼓励公众参与，加强社会监督，共同推动法治政府建设。

（一）加强党的领导，确保法治政府建设方向正确

党对法治建设的领导是党领导的重要组成部分。要改进党的领导方式，就意味着要改进党对法治建设的领导方式。从理论上看，党对法治建设的领导，体现了普遍性与特殊性、政治与法治、政策与法律的结合，因而，党对法治建设的领导具有理论依据。党对法治建设的领导方式主要包括党对法治建设的思想领导、政治领导、组织领导。为了加强党对法治建设的领导，应当从多个方面改进党对社会主义法治建设的领导方式。加强党的领导是确保法治政府建设方向正确的基石。党的领导体现在法治政府建设的全过程和各方面，确保工作始终沿着正确政治方向前进。需不断完善党内法规制度，加强与国家法律的衔接协调，形成互补效应。同时，强化党内法治宣传教育，提升党员干部法治素养，发挥其在法治政府建设中的引领作用。各级党组织应切实担责，将法治政府建设纳入重要议事日程，定期研究部署，及时解决重大问题。加强党的领导执纪问责，严肃查处违法违纪行为，确保任务落实。建立健全容错纠错机制，激励党员干部积极作为，共同推进法治政府建设，为依法治国奠定坚实基础 [1]。

（二）建立健全法治政府建设考核评价机制

建立健全法治政府建设考核评价机制是确保法治目标实现的关键。这需制定明确、科学、合理的评估标准，构建涵盖立法、执法、司法、守法等多方面的评估指标体系，确保标准具体量化、稳定可靠。评估程序应规范操作，包括方案制定、实施、评价、报告等阶段，确保有效性和可追溯性。强化评估结果

---

[1] 董必武.董必武政治法律文集 [M].北京：法律出版社，1986：477-478.

运用，将其纳入政府绩效评价体系，奖优罚劣，激励地方政府和官员积极推进法治建设。同时，完善法律法规，为法治建设提供法律保障。提升公众参与和社会监督，增强评估客观性和公信力。加强对评估工作的监督和指导，确保评估质量和效果。通过这些措施，构建科学、高效、全面的考核评价机制，为法治政府建设提供坚实制度保障[1]。

（三）加强法治宣传教育，营造良好法治氛围

加强法治宣传教育，对于营造良好法治氛围、推进法治政府建设至关重要。通过电视、广播、网络等多种渠道，结合社区讲座、法律咨询等形式，普及法律知识，特别是与民众生活紧密相关的法律法规，提升公众法律认知和运用能力。同时，培养法治观念，引导公众树立法律面前人人平等的意识，尊重法律权威，自觉遵守法律，学会依法维权。开展法治实践活动，如模拟法庭、法律知识竞赛等，增强公众法治实践能力，鼓励公民参与社会治理。特别关注青少年法治教育，将其纳入国民教育体系，培养未来一代的法治意识和观念。利用新媒体平台扩大法治宣传，通过微博、微信、短视频等生动形式，提高法治宣传的吸引力和影响力。这些举措共同营造了良好的法治氛围，为法治政府建设奠定了坚实的群众基础和社会环境。

第三节　依法行政与全面依法治国的融合

依法行政是全面依法治国的重要组成部分，其有效实施对于推动全面依法治国战略具有深远意义。在新时代背景下，如何将依法行政与全面依法治国深度融合，成为提升国家治理体系和治理能力现代化的关键课题。本节将深入探

---

[1] 方军.我国法治政府建设评估机制的构建与完善 [J].中国法律评论，2017，（04）：22-27.

讨依法行政与全面依法治国的内在联系，分析依法行政在全面依法治国中的作用与地位，并提出促进二者深度融合的路径与策略，以期为构建社会主义法治国家提供有力支撑。

一、依法行政与全面依法治国的内在联系

（一）依法行政是全面依法治国的重要组成部分

依法行政是全面依法治国战略的关键基石，它要求政府行为严格遵循法律法规，确保权力运行合法、公正、透明。依法行政不仅规范政府行为，增强法治政府建设，还通过树立法律权威，提升公众信任，促进社会和谐。在全面依法治国背景下，依法行政成为政府治理的基本方式，衡量治理现代化水平的重要标志。加强依法行政，能推动治理体系和能力现代化，提升决策科学性和执行力，为经济社会发展保驾护航。因此，依法行政不仅是全面依法治国的重要组成部分，更是法治国家、法治政府、法治社会一体建设的关键环节，对于构建社会主义法治国家具有重大意义。

（二）全面依法治国为依法行政提供指导和保障

全面依法治国为依法行政提供了明确的指导和坚实的保障。依法治国战略强调法律在国家治理中的核心地位，要求政府行为必须严格依法进行，为依法行政设定了基本准则。通过完善法律法规体系，明确政府权力边界和行使方式，为依法行政提供了法律基础。同时，依法治国通过加强法治宣传教育，提升全民法治素养，为依法行政营造了良好的社会环境。建立健全的监督机制，包括人大监督、司法监督、社会监督等，对依法行政进行全方位监督，确保政府行为合法合规。全面依法治国不仅为依法行政提供了法律指导和保障，还推动了法治政府建设，促进了政府治理体系和治理能力的现代化。

二、依法行政在全面依法治国中的实践要求

在全面依法治国的战略背景下，依法行政不仅是理论上的要求，更是实践中的必然选择。为了确保政府行为始终在法治轨道上运行，依法行政需要遵循一系列严格的实践要求。这些要求不仅关乎政府决策的合法性、科学性和民主性，还涉及行政执法的公正性、规范性和透明度。本部分将深入探讨依法行政在全面依法治国中的实践要求，以期为政府依法行政提供具体指导和操作指南。

（一）严格依法决策，确保决策的科学性和合法性

在全面依法治国的背景下，严格依法决策是确保政府决策科学性与合法性的核心。政府需严格遵守法律法规，确保决策过程符合法定程序，内容合法合规。这要求政府决策必须遵循从启动到实施的全套法定流程，包括深入调研论证、全面风险评估、广泛公众参与、专家咨询及合法性审查等，以保障决策的科学性与民主性。同时，决策内容需严格符合法律法规，不得与上位法相抵触，政府应加强决策内容的合法性审查。政府还应强化科学论证，广泛听取意见，运用科学方法提升决策专业性。注重民主参与，通过多种形式收集公众意见，确保决策反映民意。在决策前，需全面评估潜在风险，制定应对预案，确保决策稳定可控。通过这些措施，政府能确保决策的科学性、合法性与民主性，推动全面依法治国深入实施。

（二）规范行政执法，保障人民权益和社会秩序

规范行政执法是依法行政的关键，对于保障人民权益和维护社会秩序至关重要。行政执法必须严格依法进行，执法人员需精通法律，遵循程序，避免越权滥用，确保行为合法正当。公正文明执法原则要求尊重当事人权益，避免粗暴行为，维护执法公正透明。强化执法监督，通过内部与外部机制实时监督执

法行为，及时纠正问题。完善执法程序，明确流程，细化环节，确保执法合法合理，同时加强执法文书管理，为执法提供坚实证据。执法队伍建设同样重要，需提升执法人员法律素养、业务能力和职业道德，建立健全考核机制，激励规范文明执法。这些措施共同确保行政执法规范、公正、透明，有效保障人民权益，维护社会稳定，提升政府公信力。通过持续优化行政执法，推动依法行政深入实施，为构建法治社会奠定坚实基础。

（三）强化行政监督，促进政府廉洁高效运行

强化行政监督是确保政府廉洁高效运行、推进依法行政的关键。需构建多层次、全方位监督体系，整合内部审计、监察与外部人大、司法、社会、舆论监督力量，实现政府行为全面监督。完善监督制度，明确监督主体、对象、内容及程序，建立责任追究机制，严惩违法违纪行为。加强监督队伍建设，提升专业素养，确保监督工作高效精准。推进监督信息化，运用电子政务、大数据分析等技术，提高监督效率和透明度，及时发现并处理潜在问题。强化监督结果运用，将其与政府绩效考核、干部选拔任用挂钩，形成有效激励约束，同时公开监督结果，增强政府透明度和公信力。通过这些综合措施，有效防止权力滥用，保障政府行为合法公正，为法治政府建设提供坚实保障[1]。

（四）推进政务公开，增强政府透明度和公信力

推进政务公开是增强政府透明度和公信力、促进依法行政的关键。政府应明确政务公开内容，涵盖政策文件、财政预决算、公共资源配置等关键领域，确保信息全面、准确、及时公开。拓宽政务公开渠道，利用互联网、新闻媒体等多平台发布信息，加强政府网站建设，提升信息发布时效性和准确性。建立

---

[1] 方军. 我国法治政府建设评估机制的构建与完善 [J]. 中国法律评论，2017，（04）：22-27.

健全政务公开制度，明确公开主体、程序、方式和时限，纳入绩效考核，确保工作规范化、制度化。强化政务公开监督，建立投诉举报机制和社会评议制度，及时纠正问题。同时，运用现代信息技术提升政务公开效能，实现智能化、便捷化服务，为公众提供高效政务服务，构建阳光政府，推动依法行政和经济社会健康发展。

三、全面依法治国背景下依法行政的创新与发展

在全面依法治国背景下，依法行政面临新机遇与挑战，需不断创新理念、机制与方法。其创新路径包括强化法治思维、优化决策机制、完善执法程序、加强监督问责等，旨在推动国家治理体系和治理能力现代化。发展趋势则注重法治化、智能化、服务化，以适应经济社会发展新需求，为依法行政实践提供新方向。

（一）运用法治思维和法治方式解决社会问题

在全面依法治国的背景下，运用法治思维和法治方式解决社会问题，是依法行政的关键。政府及工作人员需树立法治思维，将法律视为决策和行动准绳，确保一切行为合法合规。同时，针对社会问题新特点，不断完善法律法规体系，加强立法质量，确保有法可依。在决策和执法过程中，应依法进行，确保决策科学合法，执法公正高效。加强法治保障，建立健全法律援助制度，维护司法公正，提升公众法治素养。推动社会治理创新，利用现代信息技术提升治理智能化水平，加强社区治理，形成多元共治格局。通过这些措施，有效维护社会稳定，促进公平正义，提升政府治理效能和公信力，为全面依法治国和构建和谐社会奠定坚实基础。

（二）推进政府治理体系和治理能力现代化

推进政府治理体系和治理能力现代化，是全面依法治国背景下依法行政的

重要任务。政府需更新治理理念，以人民为中心，强化法治思维，确保行为合法合规。优化治理结构，推进机构改革，加强跨部门协作，提升行政效率和服务质量。创新治理方式，利用现代信息技术提升智能化水平，实现精准治理，加强公众参与和社会监督，形成多元共治格局。强化法治保障，完善法律法规体系，增强法治意识，建立健全监督机制，维护社会公平正义。同时，提升治理能力，加强工作人员培训，建立绩效考核机制，激励积极作为，并加强国际合作，借鉴先进经验，提升治理国际化水平。通过这些措施，推动政府治理体系和治理能力现代化，为全面依法治国和构建社会主义法治国家奠定坚实基础。

（三）加强行政法与其他部门法的协调与衔接

在全面依法治国的背景下，加强行政法与其他部门法的协调与衔接，对于维护法律体系整体性和协调性至关重要。需明确行政法与其他部门法的法律边界和相互关系，避免法律冲突和重复规定，确保法律体系内部和谐统一。立法过程中，应注重部门法内容的协调一致，进行跨部门协商，确保法律规定无矛盾冲突。法律实施中，行政法与其他部门法应加强协作，确保法律责任相衔接，违法行为得到应有制裁。同时，完善监督与制约机制，通过人大、司法、社会等多种监督方式，防止权力滥用。推动法律教育与普及，提升公众法律素养和法治意识。通过这些措施，确保法律体系整体性和稳定性，提升法律实施效果，推动全面依法治国深入实施。

第四节　面向未来的依法行政创新策略

随着时代的演进与全面依法治国的深入，依法行政正面临着新的机遇与挑战。为更好地适应经济社会发展的新需求，推动政府治理体系和治理能力现代化，有必要不断探索和创新依法行政的策略与方法。本节旨在深入探讨面向未来的依法行政创新策略，以期为政府依法行政提供新的学术视角与方向性指导，进而促进法治政府建设不断迈向新高度。

一、依法行政创新的时代背景与意义

（一）新时代对依法行政的新要求

新时代的到来对社会主要矛盾提出了新变化，对依法行政提出了更高要求。全面依法治国成为核心要求，政府行为必须严格依法进行，确保权力在法律框架内运行，加强法治建设和法律法规完善成为关键。政府决策需更加科学、民主、合法，充分听取公众意见，进行科学论证和风险评估。公众参与在政府依法行政中的重要性日益凸显，要求建立健全参与机制，拓宽渠道，增强政府透明度和公信力。同时，政府需高效履行职责，加强执法队伍建设，确保执法合法、公正、高效。建立健全的监督与问责机制，对政府行为进行全方位监督，对违法违规行为严肃问责，维护法律权威和政府公信力。这些要求共同推动依法行政水平的提升，满足人民对美好生活的向往。

（二）依法行政创新的意义

依法行政创新在全面依法治国的背景下，对于推动政府治理现代化、提升公信力和执行力、保障人民权益及促进经济社会发展具有重要意义。通过引入新技术和管理理念，优化政府决策流程，实现治理智能化、精准化，提升服务质量和效率，增强公众满意度。依法行政创新强化决策透明度和执法监督，树立政府权威，提升公众信任，确保政策有效执行。同时，完善法律法规，明确权力边界，保护公民权益，防止权力滥用。依法行政创新减少行政干预，降低企业成本，激发市场活力，促进经济健康发展。它加强政府与市场、社会互动，形成良性互动格局，共同推动经济社会持续进步。因此，依法行政创新是构建法治政府、推动社会和谐发展的关键所在。

二、依法行政创新的核心领域

依法行政创新核心在于理念革新与实践探索，涵盖决策科学化、执法规范化、服务便捷化、监督透明化等领域，推动政府治理现代化，提升效能。

（一）政府决策的科学化与民主化

政府决策的科学化与民主化是依法行政创新的关键领域，对于提升决策质量和效率、增强合法性和公信力至关重要。科学化决策要求基于充分信息，运用科学方法和技术手段，如大数据、人工智能等，进行精准分析和预测，确保决策合理可行。同时，建立决策评估机制，定期反馈调整，确保决策科学有效。民主化决策则强调广泛听取公众意见，反映民意，通过听证会、座谈会、在线调查等渠道拓宽公众参与，加强决策透明度，接受社会监督，确保决策公正合法。两者相互促进，科学化决策为民主化提供支撑，民主化决策提升科学化质量。推进决策科学化与民主化，推动政府治理现代化，提升效能和公信力，为经济社会发展提供坚实保障。

（二）行政执法的规范化与智能化

行政执法的规范化与智能化是依法行政创新的关键。规范化执法强调遵守法律法规，明确权限、规范程序、统一标准，防止权力滥用，加强监督问责，确保执法公正合法，维护公平正义。智能化执法则利用大数据、云计算、人工智能等技术，提升执法效率和精准度，通过实时数据分析与预警，优化执法流程，降低成本，为决策提供科学支持。两者相辅相成，规范化执法为智能化提供基础，智能化执法提升规范化效能。两者共同推动构建公正、高效、透明的执法体系，支撑法治政府建设，促进依法行政创新发展，提升公众满意度和信任度。

（三）行政服务的便捷化与个性化

行政服务的便捷化与个性化是依法行政创新的关键方向，旨在提升政府服务效能和公众满意度。便捷化服务通过简化流程、优化方式，如推行"一网通办""最多跑一次"等，实现政务服务在线办理，减少纸质材料和现场办理，缩短办理时限，提升服务效率。同时，加强政务平台建设，实现数据共享和业务协同，增强服务整体效能。个性化服务则注重根据公众需求提供定制化方案，利用大数据分析等技术手段，深入了解公众需求，推送个性化政策信息和服务推荐，通过智能客服提供个性化咨询，增强服务针对性和有效性，提升公众获得感和满意度，促进政府与公众的良好互动。两者相辅相成，共同推动政府服务水平的提升，为依法行政创新提供有力支持。

（四）行政监督的透明化与多元化

行政监督的透明化与多元化是依法行政创新的核心要素，对于保障政府权力合法行使、维护社会公平正义具有重要意义。透明化监督强调政府应公开监督的全过程、结果及改进措施，接受公众监督，增强公众信任，促进政府行为规范化，有效防止权力滥用。多元化监督则通过建立包括人大、政协、司法、审计、社会及舆论监督在内的多层次、多渠道监督体系，形成监督合力，全面、深入地发现和纠正政府工作中的问题，提升监督效果。透明化监督为多元化监督提供了坚实基础和有力保障，而多元化监督则进一步拓宽了透明化监督的广度和深度。通过推行政监督的透明化与多元化，能构建一个完善、有效的监督网络，为依法行政提供坚实保障，推动政府治理体系和治理能力现代化进程，确保政府权力在阳光下运行，维护社会公平正义。

三、依法行政创新的实施路径

依法行政创新需理念转变、制度建设、技术应用、人才培养等多维度推进，以提升治理效能，保障人民权益，促进社会公平正义，推动政府治理现代化。

（一）加强法治素养与能力培养

加强法治素养与能力培养是依法行政创新的基础，对于提升政府工作人员的法律意识和执法能力至关重要。政府应加强对工作人员的法律教育，通过定期举办法律讲座、培训班等形式，提升法治意识，确保依法决策、依法办事。同时，组织分层次、分类别的法律培训，涵盖多个法律领域，提升依法处理能力。通过模拟法庭、案例分析等实践锻炼，增强法律应用能力。将法治素养与能力纳入绩效考核，形成正向激励。鼓励工作人员自主学习法律知识，建立学习交流平台，促进经验分享。通过这些措施，全面提升政府工作人员的法治素养和执法能力，为依法行政创新提供坚实的人才保障，推动法治政府建设不断深入。

（二）推动技术创新与融合应用

在依法行政创新中，推动技术创新与融合应用是提升治理效能的核心。政府应深度挖掘大数据潜力，为政策制定提供科学依据；构建云计算平台，实现资源共享、数据互通，降低成本，提升服务响应能力。融合人工智能于智能客服、审批、监控等，提高服务智能化水平。探索区块链技术，增强数据安全与可信度。通过技术创新打破部门壁垒，实现跨部门信息共享与业务协同，提升服务整体效能。这些举措不仅优化了服务流程，还增强了决策科学性，为依法行政提供了坚实支撑。同时，技术创新与融合应用推动了政府治理体系和治理能力的现代化，提升了政府服务效率和质量，增强了公众满意度和信任度，为构建法治政府、服务型政府奠定了坚实基础。

（三）构建协同治理与共建共治格局

构建协同治理与共建共治格局是依法行政创新的关键，旨在通过政府、市场、社会等多方力量的协同合作，提升治理效能。政府应发挥主导作用，明确职责定位，优化服务流程，为协同治理提供保障。同时，激发市场活力，引入市场机制，提高公共服务供给效率和质量，形成政府引导、市场主导、社会参与的治理格局。鼓励社会力量广泛参与，建立健全公众参与机制，增强治理民主性和透明度。推动信息共享与资源整合，建立统一信息共享平台，打破信息孤岛，整合社会资源，形成治理合力。最后，加强法治保障，完善相关法律法规，明确各方权责，加强执法监督，确保各方依法依规参与治理，维护社会秩序和公平正义。通过这些措施，构建多元共治、互动共赢的治理新模式，推动依法行政创新和社会治理现代化。

（四）强化制度保障与政策引导

强化制度保障与政策引导是依法行政创新的关键保障，对推动政府治理现代化至关重要。政府需不断完善法律法规体系，确保依法行政有法可依，填补法律空白，解决法律滞后问题，加强法律衔接与协调。同时，建立健全决策咨询、信息公开、公众参与、监督问责等制度机制，保障政府决策科学民主透明。加强政策创新与引导，针对新情况新问题及时出台政策，确保政策科学可操作。优化政策执行环境，加强宣传解读、执行监督与评估反馈，提升政策效能。强化制度执行与监督，确保依法行政制度落地见效，严惩违法违规行为，维护制度权威。通过这些措施，为依法行政提供坚实支撑和明确导向，推动政府治理体系和治理能力现代化。

四、依法行政创新的挑战与对策

在依法行政创新的推进过程中，面临着一系列挑战。这些挑战既源自外部环境的不断变化，也根源于内部机制的局限性。为了有效应对这些挑战，持续推动依法行政创新向前发展，有必要深入分析挑战的本质与根源，并探索行之有效的应对策略。本部分将详尽探讨依法行政创新所面临的挑战及相应的对策，旨在为依法行政创新提供学术上的参考与借鉴。

（一）面临的挑战

在依法行政创新的进程中，面临多重挑战。法律法规的滞后性构成显著障碍，新兴业态和新型问题的涌现往往超越现有法律框架，导致法律空白和监管盲区，影响政府治理的有效性和公信力。政府治理能力的局限性也是一大挑战，部分政府机构在决策科学性、执法规范性、服务效率等方面存在不足，难以满足公众期望，且内部协调机制不畅、信息孤岛现象严重，制约依法行政的推进。公众参与度的不足成为关键问题，公众对依法行政的认知度和参与意愿偏低，同时政府提供的参与渠道和机制尚不完善。技术应用的复杂性对政府工作人员提出更高要求，需具备较高的技术素养和应用能力，且技术安全和数据隐私保护等问题亟待妥善解决。这些挑战要求学术界和实务界共同探讨，采取综合措施以推动依法行政创新性发展。

（二）应对策略

针对依法行政创新面临的挑战，需采取综合应对策略。政府应加快法律法规更新，确保法律体系与时俱进，填补法律空白，减少监管盲区。同时，加强政府自身建设，提升治理能力，通过培训教育提高工作人员法律素养和执法能力，优化决策机制，加强跨部门协作，提高服务效能。拓宽公众参与渠道，建立健全参与机制，增强透明度和公众信任。充分利用现代信息技术，提高行政效率和决策科学性，同时加强技术安全管理，保障数据安全与隐私。建立健全监督与问责机制，对依法行政进行全面监督，严肃处理违法违规行为，形成有效震慑。通过这些措施，推动依法行政创新，提升政府治理能力和水平，构建法治政府。

参考文献

专著

［1］［美］昂格尔.现代社会中的法律［M］.南京：译林出版社，2001.

［2］徐显明，刘瀚.法治社会之形成与发展（上）［M］.济南：山东人民出版社，2003.

［3］季卫东.法治构图［M］.北京：法律出版社，2012.

［4］卓泽渊.法治国家论［M］.北京：法律出版社，2008.

［5］杨解君.行政法学［M］.北京：中国方正出版社，2002.

［6］张步洪.中国行政法学前沿问题报告［M］.北京：中国检察出版社，2003.

［7］郑传坤，青维富.行政执法责任制理论与实践及对策研究［M］.北京：中国法制出版社，2003.

［8］金江军.电子政务导论［M］.北京：北京大学出版社，2003.

［9］王长胜.中国电子政务发展报告 No.3［M］.北京：社会科学文献出版社，2006

［10］罗豪才.现代行政法制的发展趋势［M］.北京：法律出版社，2004.

［11］徐爱国，李桂林，郭义贵.西方法律思想史［M］.北京：北京大学出版社，2002.

［12］颜廷锐.中国行政体制改革问题报告［M］.北京：中国发展出版社，2004.

［13］梁治平.法辨［M］.北京：中国政法大学出版社，2002.

［14］李龙.法理学［M］.武汉：武汉大学出版社，2011.

期刊

［1］隋学良，聂林山.浅析中国法治思想之古代渊源［J］.大众文艺，2010（23）：174-175.

［2］杨萍.法治社会与法治国家的关系［J］.法制博览，2020（16）：214-215.

［3］陈云生.再论宪法为什么是重要的——基于从高级法到宪法至上的智识背景和历史经验的解读［J］.中国社会科学院研究生院学报，2009（02）：75-82.

［4］于安.我国行政法的体系建构和结构调整［J］.中国法律评论，2023（01）：80-90.

［5］中华人民共和国行政复议法实施条例［J］.陕西省人民政府公报，2007（14）：5-11.

［6］孔繁华.行政诉讼性质研究［J］.武汉大学学报（哲学社会科学版），2009，62（01）：37-40.

［7］孔杰.基于电子政务的政府职能转变［J］.辽宁行政学院学报，2010，12（06）：23-24+37.

［8］阎晓红.论电子政务与政务公开［J］.中共山西省委党校省直分校学报，2006（06）：52-54.

［9］李良.云计算概述及其在电子商务中的应用探析［J］.中国信息化，2018（03）：50-51.

［10］桑磊.云计算在物联网中的应用［J］.科技与企业，2011（14）：59.

［11］王楷.基于云计算的电子政务发展研究［J］.软件导刊，2014，13（11）：1-2.

［12］曾嘉，朱土凤．信息安全、网络安全、网络空间安全初探［J］．中国新通信，2017，19（05）：76-77.

［13］罗仕学．如何完善行政监督体制［J］．科技资讯，2008（22）：237.

［14］张传辉，赵丽霞．浅论行政执法责任制［J］．行政论坛，2005（03）：56-58.

［15］茅铭晨．"行政决策"概念的证立及行为的刻画［J］．政治与法律，2017（06）：108-121.

［16］吕兴中．财产损害赔偿应当包括贬值损失［J］．思想战线，2011，37（S1）：227-228.

［17］许颖，孙琦．大数据时代计算机应用基础课程创新教学探讨［J］．信息与电脑（理论版），2015（13）：172-173+175.

［18］陈兴建．大数据时代背景下的行政管理问题探究［J］．开封教育学院学报，2017，37（05）：283-284.

［19］杨霄晗．新时代中国法制建设的现实意义［J］．法制博览，2018（23）：128.

［20］卓泽渊．全面依法治国的新推进［J］．中国领导科学，2019（06）：48-51.

［21］李超，宋涛，刘潇阳．深入推进简政放权转变政府职能［J］．行政科学论坛，2019（05）：12-15.

［22］关于完善立法体制［J］．中国卫生法制，2015，23（03）：2.

［23］方军．我国法治政府建设评估机制的构建与完善［J］．中国法律评论，2017，（04）：22-27.

［24］耿宝建，梁凤云，杨科雄，等．全面贯彻党中央决策部署推动新修订《中华人民共和国行政复议法》有效落实［J］．经济责任审计，2024，（06）：18-21.

其他

[1] 郑莹.重大行政决策风险评估制度的法律思考［C］// 山西省法学会，湖北省法学会，河南省法学会，安徽省法学会，江西省法学会.第八届中部崛起法治论坛论文集.河南省潢川县人民法院，2015：15.

［2］郭欣萍.人身损害赔偿标准问题之再探讨［D］.沈阳师范大学，2012.